◎万　剑　饶媛媛　著

中国瓷器缠枝纹装饰

明

武汉理工大学出版社

图书在版编目（CIP）数据

中国瓷器缠枝纹装饰. 明 / 万剑,饶媛媛著. —武汉：武汉理工大学出版社,2023.7

ISBN 978-7-5629-6788-0

Ⅰ.①中⋯ Ⅱ.①万⋯ ②饶⋯ Ⅲ.①瓷器(考古)—器物纹饰(考古)—研究—中国—明代 Ⅳ.①K876.34

中国国家版本馆 CIP 数据核字(2023)第 019198 号

项目负责人:史卫国　　　　责任编辑:史卫国
责任校对:赵星星　　　　装帧设计:许伶俐
出版发行:武汉理工大学出版社
网　　　址:http://www.wutp.com.cn
地　　　址:武汉市洪山区珞狮路 122 号
邮　　　编:430070
印　刷　者:武汉精一佳印刷有限公司
发　行　者:各地新华书店
开　　　本:710×1000　　1/16
印　　　张:13.75
字　　　数:272 千字
版　　　次:2023 年 7 月第 1 版
印　　　次:2023 年 7 月第 1 次印刷
定　　　价:288.00 元

缠枝纹或"缠枝花"是中国古代最常见且最具意义和民族特色的装饰纹样之一，曾被广泛运用于各种器物的装饰之中。一般认为缠枝纹出现于汉代，流行于魏晋南北朝，发展于唐宋，而大盛于元明清三代。在漫长的历史变迁与中外文化交流互动的过程中，缠枝纹在保持基本骨骼或结构不变的情况下，也因审美观念的变化以及新题材、新元素和新技法的运用而滋生出许多新的形态，到元明清时期，逐渐衍化发展为一个包括缠枝莲花、缠枝牡丹、缠枝菊花、缠枝葡萄、缠枝石榴、缠枝百合、缠枝葫芦、缠枝宝相花、人物鸟兽缠枝纹等在内的庞大的缠枝纹"家族"。这些千变万化、令人眼花缭乱的缠枝纹饰，不仅是美的、艺术的存在，也是能够直观表达古代中国人生活与审美观念的文化符号。

◎ 范明华

缠枝纹之所以具有如此经久不衰的历史并且受到广泛认同和普遍欣赏的审美价值，其原因大概有四：一是其抽象的、呈"S"形弯曲并向上下左右四方延展的构成骨骼，就像一个代数公式因代入不同数字而产生不同计算结果一样，可以通过代入不同植物元素而呈现出不同的意义。二是它以常青藤、扶芳藤、紫藤、金银花、爬山虎、凌霄、葡萄等藤蔓植物枝杆为骨骼原型，以莲花、牡丹、石榴、葡萄等植物花叶为基本构成元素并呈"S"形分布于器物表面的形态，是一种区别于几何形态的、能够激发出生命想象的有机形态。这种形态或由此形成的波线式二方连续或四方连续图案，从形式上看具有一种循环往复、变化无穷的动态美感，这种美感的生成与中国古代美学向来重视变化、节奏或气韵的表现以及和谐、圆融的境界追求均有着直接的关联，同时也与中国古代哲学一气运化、气脉相连、生生不息的宇宙观念和生命观念密切相关。三是它带有象征意味的符号形式系统，既体现了中国古代"观物取象""立象尽意"的象征性思维方式，延续了先秦两汉以来祈求吉祥和福祉的祥瑞文化传统，同时它所要表达的意义，也与中国古代重生、尚和、尊自然以及追求多福、多贵、多寿、多财等现世价值的人生哲学有着深层的语义关联。四是缠枝纹复杂而有条理的构成，既在形式上与中国古代注重线条的造型艺术传统相一致，同时在文化层面上也与中国古代占主导地位的儒家所倡导的文饰审美观念互为表里。

由于时间久远和应用面广泛，缠枝纹饰的研究已经开始超越工艺美术史或装饰艺术史的范畴而具有了文化学、哲学、美学、社会学、民俗学等多种学科的研究价值。在这方面，宁波职业技术学院丝路艺术研究中心团队的研究具有一定的开拓价值。近年来，作者专注于缠枝纹饰研究，并且取得了一系列研究成果，成为该研究领域重要的学者之一。作者曾在 2019 年出版了三十余万字的《中国古代缠枝纹装饰艺术史》一书，系统梳理了中国古代缠枝纹装饰从产生到发展的历史。同时在原有通史研究的基础上，又致力于中国缠枝纹装饰的断代史和专门史研究，在这一领域继续深耕，以元、明、清三代瓷器上的缠枝纹饰为研究对象，续写了《中国瓷器缠枝纹装饰》的元、明、清三卷书稿，将缠枝纹饰的研究进一步深化和细化。我认为，相比于已经出版的《中国古代缠枝纹装饰艺术史》，这三卷书稿在内容、写作或叙述结构上主要有以下三个新的特点：

一是进一步深化了对缠枝纹饰演变规律的揭示和概括，包括对中国缠枝纹早期历史的追溯以及对元代以后中国缠枝纹饰演变规律的总结。关于缠枝纹的最初来源，学界迄今并无公认的说法，有的认为来自国外，有的认为出自本土，有的认为是本土纹样与外来纹样相互融合的产物。在《〈中国瓷器缠枝纹装饰〉（元）》的开头，万剑教授比较集中地讨论了这个问题，并且倾向于认为缠枝纹是以本土纹饰为基础，通过吸收外来纹饰而逐步形成的。由此，他将缠枝纹的"前史"推到史前，认为新石器时代彩陶纹样中的"波状曲线""涡旋形曲线""S 形曲线"与缠枝纹的骨骼结构具有相同的审美特质，可以将其视为缠枝纹的萌芽。此后商周青铜器上的云雷纹、勾连雷纹、涡纹、窃曲纹等曲线装饰以及战国至汉代漆器上的云气纹等更进一步强化了屈曲、流动、变化的意象，并成为缠枝纹中"缠"的意象的重要来源。佛教于东汉传入中国之后，外来的纹样加入到缠枝纹的创造，其中，经过改造的忍冬纹和卷草纹成为缠枝纹的最初形态，并在魏晋南北朝以后流行和发展开来。元代以后，因版图的扩大，欧亚文化的交汇，缠枝纹进一步受到中亚甚至欧洲的影响，由此成为当时瓷器的主要纹饰。就瓷器而言，作者认为元代以后瓷器的缠枝纹饰经历了从模仿到创造、从粗犷到纤细、从简约到繁复、从单色到多色的演化。作者的这些讨论和观点符合缠枝纹尤其是瓷器缠枝纹的历史事实，同时也具有一定的启发价值，对于从宏观上把握中国古代缠枝纹饰的历史脉络和艺术特征有一定的帮助。

二是在按照时间顺序尽可能对元、明、清三代瓷器缠枝纹饰史作出全面叙述的同时，突出不同时代主要发展阶段缠枝纹饰艺术特点的分析比较，并且力求从宏观上勾勒出三个时代瓷器缠枝纹饰的风格特征。在这三卷书稿中，作者不仅从瓷器的生产和销售、瓷器业的发展以及社会文化和风俗等方面讨论了元、明、清三代瓷器缠枝纹饰的历史背景，而且从骨骼、构图、题材、色彩等方面剖析了这三个时代瓷器缠枝纹饰的艺术特色，内容可谓丰富，但在叙述上则各有侧重，如在考察元代瓷器缠枝纹饰时，重点分析的是蒙古草原文化、游牧民族性格和心理以及中亚尤其是伊斯兰纹饰对元代青花瓷缠枝纹的影响；在考察明代瓷器缠枝纹饰时，重点分析的是明代成化年间景德镇窑所产瓷器缠枝纹饰的艺术特色；在考察清代瓷器缠枝纹饰时，重点分析的是清代乾隆年间青花瓷器和珐琅彩瓷器缠枝纹饰的艺术特点，由此总结出元代瓷器缠枝纹饰粗犷明快、明代瓷器缠枝纹饰清新自然、清代瓷器缠枝纹饰繁缛精巧的时代风格特征。

三是在注重对元、明、清三代瓷器缠枝纹饰总体艺术特征进行准确把握和描绘的基础上，突出从审美的角度进一步对各个时代瓷器缠枝纹饰的个案进行具体的分析，包括对其形式、手法和意蕴作出分析。从元代以后，缠枝纹饰的题材不断增多，到清代时几乎无所不包。面对众多的题材，作者主要选取其中最具普遍意义的缠枝莲花、缠枝牡丹、缠枝菊花、缠枝葫芦、缠枝葡萄、缠枝宝相花等进行风格学和图像学分析，并以大量的插图和附图为例，以图文互证的方式揭示出不同时代同一题材在纹饰线条、色彩、构图、形态、创作手法和纹饰语义上的差异。书中的大量图例，特别是书后对大量古代经典瓷器缠枝纹饰的细致解读，不仅使得作者的叙述具有了很强的说服力和可读性，同时也为读者认知、熟悉和赏玩中国古代瓷器缠枝纹饰提供了很大的便利。

总的来说，万剑教授团队的《〈中国瓷器缠枝纹装饰〉(元、明、清)》不仅从宏观上揭示了元、明、清三代瓷器缠枝纹饰的艺术特征和演变规律，而且在诸多细节问题和个别案例的艺术特质分析上也有相当深入的讨论，是一套具有开拓性质且具有相当理论视野和深度的学术著作。

2022 年 6 月 21 日于武汉大学

目录

Contents

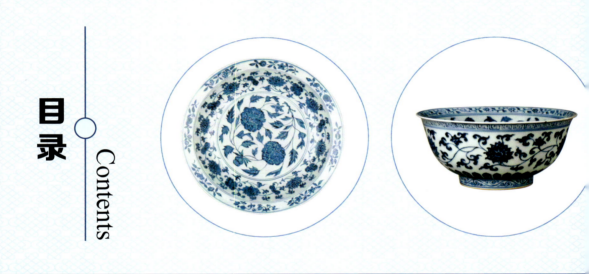

Chapter I >>
第一章　明代瓷器装饰艺术

<big>公</big>元 1368 年，明太祖朱元璋在南京建立大明王朝，开创洪武之治。从整体上来说，明朝在我国历史上是一个强盛的时期。明初，朱元璋一方面加强中央集权的统治，另一方面恢复生产，发展经济。永乐时，明成祖朱棣迁都北京，安定西北地区，派遣郑和海上远航，扩大对外经济与文化的交流。明代工艺美术辉煌灿烂，瓷器新品辈出，种类多样，纹样丰富，特色鲜明。明代景德镇窑是全国的制瓷中心，被誉为"天下第一窑"，龙泉窑、德化窑、宜兴窑等技术的提升均为明代瓷器大发展奠定了坚实的基础。明代瓷器的典型代表宣德青花、成化斗彩、永乐甜白、弘治娇黄、嘉靖万历五彩等评价极高。

第一节　明代瓷器的发展

明代瓷器在中国瓷器史上具有重要地位，景德镇窑、龙泉窑、德化窑、宜兴窑等均有各自特色。其中，景德镇瓷器一方面沿袭元代传统，一方面又开拓创新。从瓷器产量来说，全国大部分瓷器都来自景德镇；从质量上来说，景德镇瓷器代表着当时的制瓷技术最高峰。宋应星在《天工开物》中记载："合并数郡，不敌江西饶郡产……若夫中华四裔，驰名猎取者，皆饶郡浮梁景德镇之产也。"[①]景德镇窑不仅满足国内民间瓷器需求，还要烧制御用瓷、外销瓷、赏赐瓷等明政府对内对外的全部瓷器。

一、景德镇窑

明代景德镇是全国瓷业生产中心，有"景德产佳瓷，器成天下走"的美誉。

关于明代景德镇御窑设置的时间有不同的说法。乾隆七年（1742 年）《浮梁县志》

---

① 中国硅酸盐学会.中国陶瓷史［M］.北京：文物出版社,2009:358.

记载："明洪武二年设厂制陶，以供尚方之用。"[1]此时设置的为"陶厂"，可以推测生产能力不高。明万历四年（1576年）重修的《大明会典》第194卷记载，"……数少，行移饶、处等府烧造。"[2]崇祯十年（1637年）《关中王老公祖鼎建贻休堂记》记载："我太祖高皇帝三十五年，改陶厂为御器厂。"[3]由此推断，洪武三十五年（1402年）或洪武末年才真正设置御窑。明嘉靖年间的《江西大志》认为，御窑始于建文四年（1402年），到了永乐，有二十座御窑。宣德时，瓷器需求大增，御窑多达五十八座[4]。正德初年，景德镇设置御窑，因叛乱停烧，但不久恢复。御窑的主要功能是烧造宫廷用瓷，以及朝廷用于奖励、赏赐和对外交流需要的瓷器。御窑厂有六种主要窑型，青窑、色窑、风火窑、爁熿窑、匣窑、大龙缸窑等。例如，缸窑是指专门烧鱼缸的窑，青窑的大部分产品是小型瓷器，色窑一般主要烧制颜色釉[5]。御窑厂平时由饶州府管理，但是在宫廷布置大量烧造任务期间，朝廷会派宦官至景德镇"督陶"[6]。

明代景德镇御窑厂最大的几次烧造数量惊人，例如明宣德初（1426年）烧造奉先殿中祭永乐及洪熙的祭器[7]，宣德八年（1433年）根据宫廷尚膳监要求一次就烧造龙凤瓷器四十四万三千五百件[8]。正统六年（1441年）光禄寺烧造大量膳食用金龙、金凤白瓷和青龙白地花缸[9]。明成化、正德、嘉靖、万历均有大量烧造，部分年份要烧十万件左右。这一方面加重了景德镇整个地区的负担，另一方面也促进了瓷业技术的发展。景德镇除官窑之外，还有大量的民窑，雇佣的工人数以万计。从某种意义来说，官窑限制了民窑的发展。优秀的工人、优质的瓷土和青料都需要供官窑发展，且民窑的产品也有限制，主要烧制小型瓷器、仿官窑瓷器、仿古瓷器等。民窑可以说是在夹缝中生存。另外明代"官搭民烧"的情况时常发生，非常不利于民窑的发展。

明代景德镇窑可分成早、中、晚三个时期。洪武至宣德期间为早期，其中洪武、永乐、宣德为最高峰，现留存有大量精美瓷器。明洪武处于元、明朝代交替之际，既传承元代青花，又发展了釉里红技术，这为后续的彩瓷发展奠定了基础。中期指的是正统至正德时期，其中明成化时期的斗彩瓷成就最高，举世瞩目。白瓷技术的发展、上彩技术的提升，为后期彩瓷烧造开拓了新的思路。嘉靖至崇祯时期为晚期，其中嘉靖、万历彩瓷颇有特色，烧造量非常大。

① 熊寰.明初陶厂考[J].考古与文物,2009(02):93-96.
② 中国硅酸盐学会.中国陶瓷史[M].北京:文物出版社,2009:390.
③ 熊寥,熊薇.中国陶瓷古籍集成[M].上海:上海文化出版社,2006:136.
④⑤ 中国硅酸盐学会.中国陶瓷史[M].北京:文物出版社,2009:361.
⑥ 中国硅酸盐学会.中国陶瓷史[M].北京:文物出版社,2009:364.
⑦⑨ 中国硅酸盐学会.中国陶瓷史[M].北京:文物出版社,2009:365.
⑧ 中国硅酸盐学会.中国陶瓷史[M].北京:文物出版社,2009:373.

明代景德镇御窑成就斐然，突出表现在瓷胎、造型、釉彩、纹样等各方面。从技术上来说，旋坯使用的铁刀代替了原先的竹刀，制胎效率极大提高，镂空、锥花、拱花、半脱胎技术不断发展，部分瓷雕作品得到了突破性发展。在造型方面，除了沿袭元代传统之外，还有仿古青铜器造型，仿西亚铜器、金银器造型等。在釉彩方面，创造出了三彩、素三彩、五彩、斗彩等五彩缤纷的彩瓷，令世界瞩目。明代对外交流增多，瓷器装饰吸收外来装饰艺术精华，形成具有独特民族艺术风格的新瓷器品种。因此，景德镇窑成就斐然，一方面技术传播至海外，一方面瓷器产品带着中华文化走向了世界各地。

二、龙泉窑

明代龙泉窑在元代的基础上有了一定的发展，窑址不断增多，产品数量提升，瓷器品种增加，风格多样化，远销世界各地。明代龙泉窑瓷器大都厚实雄浑，尤其是明早期龙泉青瓷与元代的难以区分，这也是传承关系之体现。但成化、弘治之后，"难充雅玩"①。

洪武二十年（1387年），曹格所著《格古要论》载，龙泉窑在今浙江处州府龙泉市，盛产处器②。处器指的就是龙泉青瓷。根据《大明会典》第194卷记载的"行移饶、处等府烧造"，可以判断当时供奉皇宫、贵人用的瓷器仍由景德镇、丽水龙泉等府烧造，这说明了"处器"的地位。嘉靖四十年（1561年）《浙江通志》记载浙江省各地物产时提到，杭州有羊皮灯、银朱、铅粉，宁波有描金漆器，衢州有石砚，处州有青磁器③。此时的龙泉青瓷是知名的地方特产。但嘉靖晚期龙泉窑大窑片区瓷器质量下降，窑业衰落。"自后器之出于琉田者已粗陋，利微而课额不减，民甚病焉。"④万历七年（1579年）《栝苍汇纪》有载："有青器窑，今废。"⑤这点明了龙泉南区大窑的窑场在万历七年之前已经停烧。万历十四年至十八年（1586—1590年）任庆元知县的詹乘龙在《庆元新建社仓记》中记录，"盖不必青器、香蕈之出，而利波及于无穷矣"⑥。这句话记录了庆元特产主要为青瓷和香菇，也就是在万历年间，庆元县的青瓷已经较为发达，超过了龙泉。

从留存至今的明龙泉窑瓷器来看，明初烧造工艺应是巅峰，瓷器品质极高。以刻花为例，在瓷器的烧造过程中，刻花容易被厚釉所覆盖，没有较高的技术难以烧成优秀器物。元代龙泉窑常常采用模印、贴塑、露胎等装饰手法，与釉色的"如玉"追求

---

① 熊寥,熊微.中国陶瓷古籍集成[M].上海:上海文化出版社,2006:94.
②③④⑤⑥ 刘净贤.从方志、宗谱管窥明晚期至清早期龙泉窑[J].华夏考古,2018(05):113-123.

形成补充，从另外一个角度看，也规避了刻花被釉色遮挡的可能性。但到了明代，龙泉窑的刻花与厚釉技术结合得特别好，花纹美观清晰，釉色莹润青翠，可以说技术炉火纯青。

三、德化窑

德化窑，在今福建德化，因地址而得名。德化窑始于宋代，宋元时已烧制青、白瓷，明代后期得到极大发展，至清代均有生产。德化窑是著名的福建沿海地区外销瓷器民窑之一，现今东南亚、欧洲、非洲均有德化瓷器出土。根据考古发掘，古代德化窑的历代窑址多达一百八十处，其中屈斗宫、碗坪仓窑址如今已得到重点发掘。

明代德化窑以烧造白瓷为主，因白瓷而知名。德化白瓷是当时制瓷业中的代表性品种。万历四十年（1612 年）《泉州府志》记载："磁器出晋江磁灶地方，又有色白次于饶磁……又有白瓷器，出德化程寺后山中，洁白可爱。"[1]德化白瓷窑胎釉一体，胎质细腻、色泽莹润、透光度高、制作细腻、雕刻精美、造型生动，深受国内外欢迎。白瓷在光线照射下，釉色中会隐约出现乳白色或者淡粉色，时常有"猪油白""象牙白""葱根白""建白""中国白"等称呼，均是赞美之词。例如，德化瓷被称为马可波罗"中国白"。元代意大利旅行家马可波罗在游记中记载了廷基（德化）城在河流纵横交叉的地方，瓷器是当地的主要事业，"名称迪云州，制造碗及瓷器，既多且美。除此港外，他港不制此物，购价甚贱"[2]。德化白瓷造型丰富多样，例如梅花杯、八仙杯、仿古青铜造型、文房用具等也颇有特色，流传广泛。其中，以人物类塑像最为突出，神态逼真，造型优美，其中佛像瓷器闻名世间，集合了雕塑美和材料美的优点。宋应星《天工开物》写道："德化窑，惟以烧造瓷仙精巧人物玩器，不适实用。"[3]从流传至今的实物和文献记载中，我们可以得知，明代瓷圣何朝宗所制作的塑像最为知名，开创了"何派"艺术，堪称雕塑界的典范。何朝宗作品在海外有"东方艺术"之称，被视为珍宝。清乾隆《泉州府志》及道光《福建通志》《晋江县志》均有对何朝宗的记载。

作为一种特色瓷器，德化瓷器的历代评论非常丰富。清代寂园叟在《陶雅》中有这样的评价：德化窑生产的白瓷花盆，瓷质雪白，价格低廉，样式新颖[4]。清代蓝浦在《景德镇陶录》中认为，"本泉州府德化县……称白瓷，……惟佛像殊佳"[5]。程哲

---

① 中国硅酸盐学会.中国陶瓷史[M].北京：文物出版社，1982：391.
② （意）马可波罗.马可波罗行纪[M].冯承钧，译.上海：东方出版社，2011：393.
③ 中国硅酸盐学会.中国陶瓷史[M].北京：文物出版社，1982：392.
④ （清）陈浏.陶雅[M].民国静园丛书本，1918：54.
⑤ 蓝浦著，郑廷桂补辑.景德镇陶录（卷七）[M].京都书业堂刻本，1891：33.

《窑器说》、民国许之衡《饮流斋说瓷》、明末清初周亮工《闽山记》中均有对德化瓷器的说明和赞美。

四、宜兴窑

宜兴窑，在今江苏宜兴丁蜀镇，因地址而得名。秦汉时，宜兴地区就开始烧陶，两晋时，宜兴丁山镇均山（南山）附近开始烧制青瓷，又称南山窑、均山窑。唐初期，宜兴归径附近大量烧造青瓷，到了晚唐、五代时，已经是具有一定知名度的南方青瓷民窑了。宋元时期，丁蜀、西渚地区主要烧造日用陶器和紫砂器。明清时，宜兴窑已经是全国知名的烧陶中心。明代开始，宜兴紫砂已经非常知名，宜兴紫砂壶名家辈出。宜兴窑还仿烧宋代钧窑器物，因而称之为"宜钧"。宜钧的胎体可以采用宜兴的白泥和紫砂，胎色显示白色或褐色，表层釉色有灰蓝、天青、天蓝、芸豆、月白等，釉层较厚，开片细密，以灰蓝釉为最知名。明代中期，"宜钧"已崭露头角。明人谷应泰《博物要览》记载："近年新烧，皆宜兴砂土为骨，釉水微似，制有佳者，但不耐用。"[1]值得一提的是，明代万历年间，宜兴"欧窑"所烧"宜钧"形制端庄，釉彩绚丽，制作精良，闻名天下。清代乾隆年间朱琰《陶说》卷三中有写：明代时，江南常州府宜兴有一个姓欧的人制造的瓷器非常出众，有仿制哥窑龟裂纹，也有仿制官窑、钧窑的瓷釉色彩，这个窑被称为欧窑[2]。清人许之衡在《饮流斋说瓷》中也有类似的说法：欧窑，是明代欧子明所制作的瓷器，这些瓷器大部分模仿钧窑，因此称之为宜钧[3]。我们可以这样来看，欧窑瓷器是历代宜钧最成熟的优秀代表。

第二节　明代瓷器的形制与装饰

明代瓷器形制多样，装饰技法繁多，既传承前代刻、划、印花的装饰手法，又发展了彩瓷如釉上五彩、釉下彩、斗彩等装饰技法。嘉靖年间的《江西大志·陶书》有记载：明代瓷器装饰技法有描花、堆花、暗花、锥花、镂雕等各种形式[4]。这是对明代瓷器胎体表面装饰技法的总结性描述。明代瓷器的彩绘纹样非常丰富，除了传统的动物、植物纹样之外，还有各种云纹、回纹、八宝纹、钱纹、锦地、梵文、波斯文等

① 中国硅酸盐学会.中国陶瓷史［M］.北京：文物出版社，2009：395.
② 王光尧.明清仿钧窑瓷器的文献考察［J］.文物世界，2001（03）：3-6.
③ 贺盘发."宜钧"与"欧窑"历史初探［J］.江苏陶瓷，1984（01）：136-141.
④ 中国硅酸盐学会.中国陶瓷史［M］.北京：文物出版社，2009：405.

组合装饰。从缠枝纹装饰艺术来说，比较常见的花卉有牡丹、菊花、莲花、宝相花、牵牛花（夕颜）等，配以蕉叶、如意云头纹、变形莲瓣纹、杂宝等，也有果实纹，例如桃、李、荔枝、枇杷等，还有葫芦、灵芝、八卦、暗八仙等寓意道教的装饰题材。除了规律性的装饰图案之外，整幅完整的花鸟山石、胡人乐舞图、婴戏图、岁寒三友图等，也较为常见。

明代，是中国吉祥文化大发展时期，瓷器在形制、色彩、纹样等多方面均表现了对吉祥的追求和美好的愿望。

从形制方面来说，除沿袭前朝之外，也有许多的新器型。永乐、宣德时期最出名的是双耳扁瓶、压手杯、天球瓶等，这些产品成了当时贵族间流行的产品。成化时期的斗彩鸡缸杯、"天"字盖碗等，造型雅致，堪称一代明瓷，成化之后历代文人均倾心不已。正德、嘉靖、万历时期的方斗碗、大龙缸、葫芦瓶、多角罐等都造型别致，颇具特色。明代实行"科举必由学校"，瓷质文房用具得到了极大发展，砚滴、笔洗、笔架等产品非常丰富。值得一提的是，瓷质棋类产品也很丰富，这与明代士人生活习惯紧密相关。

从色彩方面来说，明代瓷器最大的功劳在于彩色瓷的逐渐成熟，相比前朝丰富甚多。青花、单色釉、彩瓷等都有丰富的产品。从原料和呈色来分析，明代的青花分为三个时期，永乐、宣德青花为早期，青花原料为进口苏麻离青料，烧成之后色泽浓郁、绚丽、鲜艳；成化、弘治青花为中期代表，青花原料多为国产平等青，烧成后色彩淡雅、秀气；嘉靖、万历为晚期代表，大多采用回青料，烧成之后青花色彩呈现蓝中带紫，比较浓郁。在天启、崇祯时期，主要用的是浙料，色彩重则偏红，轻则显示淡翠色。明代釉上彩，大多有红、黄、绿、蓝、黑、紫等色彩，其中最具成就的当属成化斗彩瓷。斗彩是釉下青花和釉上彩色相结合的一种彩瓷工艺。在斗彩瓷出现之前，历代瓷器烧造者都在追求瓷器表面呈现五彩缤纷的效果，一步一步到了明成化，斗彩瓷器烧造成功，匠人们可以根据画面的主题进行不同的色彩搭配，与自然色基本接近，且略有晕染的效果，这已是瓷器烧造技术的巨大进步。在成化彩瓷基础上，嘉靖、万历时期的五彩技术为明代揭开了瓷器彩色装饰的新篇章，红色、绿色、黄色三色较为浓郁，成为最主要的色彩，显示出翠浓红艳，颇具华丽之感。淡绿、深绿、褐色、紫色、釉下蓝色时常灵活搭配运用，呈现了瓷器装饰的多样色彩。明代单色釉有鲜红釉、甜白釉、孔雀绿、宝石红、浅黄、孔雀蓝等，均有精品代表作。永乐、宣德时期的红釉瓷、蓝釉瓷，成化的孔雀绿釉瓷，弘治的黄釉瓷等单色釉技术成熟，为世人呈现了明代瓷器色彩的缤纷世界。

从装饰纹样来说，明代瓷器的装饰技法从元之前刻、划、印、塑等转为以彩绘为主的手法，彩绘大幅度地提升了瓷器的表现力。不同题材的文字、山水、人物、花鸟、虫鱼等均可以用色彩勾勒、填色、晕染，表现力强。从绘画的角度来说，明代早期的瓷器装饰较多采用中国画写意技法，画风显得自由、奔放、洒脱；明代后期装饰风格转向写实，画面精致细腻，抒情达意，甚有情趣。明代景德镇官窑纹饰细腻精致，大多是描绘自然、写实的纹样，具有浓郁的生活气息。

一、明洪武

明洪武时期，承上启下，瓷器装饰艺术风格中带有元代的元素。从北京故宫博物院所藏的洪武官窑瓷器分析，其制作工艺、装饰风格等，上承元代，下启永乐，整体来说既带有元代的装饰艺术风格，又具有明代官窑自身的艺术特色，体现了过渡时期的鲜明特点。明洪武官窑青花瓷古朴粗犷，气势雄伟，部分瓷器装饰趋向简约，带有文雅韵致的倾向。

明洪武瓷器最主要的两类产品是青花和釉里红。釉里红传世品较少，甚是珍贵。洪武青花瓷大部分胎体略厚，青花色泽偏灰，有部分铁锈斑深入胎骨，例如《明洪武青花缠枝牡丹纹玉壶春瓶》（图1-1）。另外，洪武瓷器中还有一类瓷器为一面青花，一面模印凸花，采用两面不同的装饰技法，这一方面继承了元代枢府窑模印凸花技术，一方面又是洪武瓷器自我创新的一种发展方式。例如北京故宫博物院收藏的《明洪武青花云龙纹盘》（图1-2），盘内壁釉下有模印的云龙纹，这说明洪武时期的许多瓷器装饰仍然采用元代枢府瓷的技术。釉里红瓷，属于釉下彩瓷，采用铜红釉在瓷胎上绘画，绘画之后施加透明釉，再高温烧成。例如，北京故宫博物院收藏的《明洪武釉里红缠枝牡丹纹碗》（图1-3）、《明洪武釉里红缠枝牡丹纹军持》（图1-4）瓷质细腻白皙，红色鲜艳醒目，纹样制作规整且较为拘谨，与元代装饰潇洒的装饰风格有所区分。

图1-1　明洪武青花缠枝牡丹纹玉壶春瓶（北京故宫博物院）

图 1-2　明洪武青花云龙纹盘（北京故宫博物院）

图 1-3　明洪武釉里红缠枝牡丹纹碗
（北京故宫博物院）

图 1-4　明洪武釉里红缠枝牡丹纹军持
（北京故宫博物院）

　　从造型来说，主要有碗、盘、瓶、壶等常见品，也有罕见存世的炉。从瓷器装饰纹样的布局来说，传承元代样式，但是纹样题材要简单一些。从纹饰的布局来说，与元代的类似，纹饰题材较为简单，但组合变化丰富，纹样的细微处变化较大。从存世洪武瓷来看，构图相比元代要简单一些，较为简洁，比较疏朗，但又带有豪放生动的气息。从具体纹样来说，洪武官窑龙纹带有元、明两代龙纹的特点，从神态上来看，相比元朝凶猛神态要平和许多。从龙爪来说，三爪龙的装饰偏多，且相比元代龙脚要粗短一些，例如《明洪武青花龙凤纹三足炉》上的龙纹（图 1-5）。从装饰母题来说，植物装饰偏多，缠枝纹、折枝花题材丰富且多样，例如牡丹、莲花、芙蓉花、山茶花、如意灵芝、松竹梅（图 1-6）等或独立或组合装饰（图 1-7），此外，莲池、洞石庭院、龙等各种题材的组合纹样也较丰富。从花卉装饰来说，菊花的应用更加广泛。菊花花冠呈现扁圆形，花瓣大多为椭圆形，以花心为中心规律地绕一圈，像太阳花的发射状（图 1-8）。莲叶纹也有较大变化，元代缠枝莲叶纹呈葫芦状，明洪武的缠枝莲叶为螺

图 1-5　明洪武青花龙凤纹三足炉局部
（中国国家博物馆）

图 1-6　明洪武釉里红松竹梅图玉壶春瓶
（北京故宫博物院）

图 1-7　明洪武釉里红拔白缠枝花卉纹碗
（北京故宫博物院）

图 1-8　明洪武釉里红缠枝菊花纹玉壶春瓶
（中国国家博物馆）

旋状居多，叶片尺寸也明显缩小一些。明洪武民窑的纹样，以描写自然为主，相对朴实，用笔熟练潇洒，青花发色比较沉稳，略微显灰青。

二、明永乐

明永乐时期，国力较强盛。明永乐瓷器烧造技术不断提升，品种丰富，产量很高。永乐青花以胎体、胎釉、青花、造型、纹饰而闻名天下，与宣德青花并称明代青花瓷黄金时期。明永乐瓷器一方面传承中国传统瓷器艺术风格，早期瓷器品质接近洪武时期，永乐晚期接近宣德早期，体现了瓷器艺术的一脉相承；另一方面，由于对外瓷器贸易的发展，许多瓷器的造型和装饰受外来文化影响诸多，丰富了永乐瓷器的表现力。

从中国传统艺术风格来说，永乐青花形制优美，器形规整，轮廓线条优美，青花装饰端庄秀美。例如，梅瓶亭亭玉立，轮廓线优美，瓶的底部较宽，相比前朝略为丰满（图 1-9）；玉壶春瓶的颈部较前朝更细，造型更为清秀；僧帽壶的线条更刚柔相济，显得匀称端庄（图 1-10）。永乐时期，碗的造型更是丰富多样，

图 1-9　明永乐甜白釉梅瓶
（北京故宫博物院）

图 1-10　明永乐甜白釉带
盖僧帽壶（北京故宫博物院）

撇口碗、敛口碗、鸡心碗、莲子碗等，大小不一，例如，莲子碗（图1-11）就非常有特色。永乐时期的大盘也比较多，且工艺精细，纹样丰富，技法成熟。墩式碗碗壁较直，下部较丰满，圈足浅但较大，宣德时期常常效仿。明永乐时期创新的器形有大型天球瓶、压手杯（图1-12）、带盖瓷豆、双系多系盖罐、多系把壶、筒形器座、高足盏托、卧足碗洗等。压手杯，是永乐时期的名品。谷应泰《博物要览》中写道："永乐年造压手杯，中心画双师滚球，为上品，鸳鸯心者，次之；花心者，又次。杯外青花深翠，式样精妙。"[①]压手杯一般形制较小，胎体略厚，圈足较大。若拿在手中，恰好在虎口处，有沉重压手之感，因此以"压手杯"命名，明清历代有仿制。

图 1-11　明永乐白釉暗划花纹碗
（北京故宫博物院）

图 1-12　明永乐青花缠枝莲纹压
手杯（北京故宫博物院）

　　从瓷器形制来说，明永乐时期还烧制具有西亚地区域外风格的瓷器，这些形制主要受外来陶器、黄铜器、金银器等的影响。冯先铭认为永乐、宣德时期有9种青花瓷器，包括天球瓶、如意耳葫芦扁瓶、洗口如意耳扁瓶、执壶、花浇（图1-13）、鱼篓尊（图1-14）、折沿盆、盘座、直流壶、扁壶等在器型上受到了西亚地区文化的影响[②]。马文宽则认为明代至少19种瓷器造型受到了伊斯兰陶器、金属器和玻璃器的影响[③]，具体器物有执壶、扁壶、卧壶、扁瓶（图1-15）、天球瓶、多面体瓶、宝月瓶、水罐、壮罐，青花洗、鱼篓尊、烛台（图1-16）、青花盘座（无档尊）、台灯、三壶连通器等。王健华认为，百分之八十的永、宣青花瓷的造型受到西亚地区古代陶器、金属器、玻璃器的影响[④]。大盘出口销售不及元代数量，但仍有大量60厘米左右直径的大盘外销，如今收藏在伊朗阿特别尔寺、土耳其伊斯坦布尔托布卡比·萨拉依博物馆等处。

①　中国硅酸盐学会.中国陶瓷史[M].北京：文物出版社，2009：373.
②　冯先铭.明永乐宣德青花瓷器与外来影响[J].艺术市场，2003（10）：67-70.
③　马文宽.明代瓷器中伊斯兰因素的考察[J].考古学报，1999（04）：437-458.
④　王健华.明初青花瓷发展的原因及特点[J].故宫博物院院刊，1998（01）：75-82.

图1-13　明永乐青花缠枝花纹花浇
（北京故宫博物院）

图1-14　明永乐青花缠枝花纹鱼篓尊
（北京故宫博物院）

图1-15　明永乐白釉双耳扁瓶
（北京故宫博物院）

图1-16　明永乐青花缠枝莲纹八方烛台
（北京故宫博物院）

从纹样母题来说，明永乐时期青花瓷装饰母题既有传统的基因，又受外来装饰风格的影响。传统题材的人物、虫鸟、龙凤图案有减少，花卉、瓜果等自然界植物增多，缠枝纹装饰母题主要有牡丹、宝相花、菊花、灵芝、苜蓿、梅花、莲托八宝等。明洪武时期的扁圆菊花主题很少出现踪迹了。大部分缠枝花卉纹花冠大、叶片小，留白、晕染层次明显，枝蔓柔软弯曲，画面生动自然（图1-17、图1-18）。折枝花果纹更是丰富，主要有石榴、枇杷、佛手、柿子、荔枝、竹石、芭蕉等（图1-19）。庭院形式的装饰纹样依然较多，花鸟、山石融为一体。莲池纹依然沿用，但是装饰风格呈现秀气之感。花鸟纹常见于瓷器的扁平面，绶带鸟枇杷、绶带鸟荔

图1-17　明永乐青花缠枝莲纹碗（一）
（北京故宫博物院）

图1-18　明永乐青花缠枝莲纹碗（二）
（北京故宫博物院）

图 1-19　明永乐青花折枝桃花纹梅瓶（北京故宫博物院）

枝、喜鹊梅花等题材较多，带有喜庆之气。边饰纹样常常以二方连续重复形式出现，有回纹、海水纹、蕉叶纹、莲瓣纹、朵花纹、钱纹等。回纹大多为单个回纹连续不断形成带状。弦纹此时颇为重要，对瓶、碗、盘的口沿、足部进行装饰，有的为一道，有的为两道，显得简洁淡雅。从外来风格来说，部分瓷器装饰纹样受西亚地区装饰风格影响，例如锦纹、星纹（六角、八角、十角等）、卷枝纹、阿拉伯式藤蔓纹、阿拉伯文字、棕榈叶纹、网格纹、花瓣纹、轮花纹等，也有植物的花、叶、藤与几何图案的组合[①]（图 1-20）。有些纹样直接照搬西亚装饰纹样，有些融入中国传统纹样中，有的造型是西亚地区风格的，但采用中国传统纹样进行装饰（图 1-21）。例如在扁瓶、扁壶、花浇上装饰的青花缠枝花纹，缠枝纹骨骼和枝叶采用我国传统缠枝纹形态，但是从细节上来说，花瓣纹略有不同，甚至在缠枝纹一侧有麦粒状纹样。明永乐民窑的典型装饰除了常见的人物、花卉、自然风景等，也常常用福禄寿喜等字纹。

图 1-20　明永乐青花菊瓣纹碗
（北京故宫博物院）

图 1-21　明永乐青花缠枝莲纹罐
（北京故宫博物院）

　　永乐青花装饰的技法呈现多样性，但无论是哪种技法，均给人清新秀丽之感。一般来说，大部分青花瓷器布局较为疏朗，少量瓷器有繁密现象。青花色彩中常留有钴铁的结晶斑，形成了一种独特的韵味。花卉轮廓多采用深线双线勾勒，再用小笔触逐步填涂，呈现深浅不一的色彩变化。除青花外，少量瓷器用金彩描绘或者采用传统刻划装饰。

　　三、明宣德

　　明宣德时期，瓷器品种繁多，其中景德镇御窑厂的青花瓷成就最高，有"开一代未有之奇"之说法。宣德青花造型古朴典雅，釉色莹润透亮，纹样多姿多彩，产量巨

---

①　马文宽.明代瓷器中伊斯兰因素的考察[J].考古学报,1999(04):437-458.

大，乃举世闻名。宣德八年（1433年），一次性下达烧造龙凤瓷器四十四万三千五百件的任务[1]。宣德瓷器当属青花瓷产量最高，除宫廷用瓷之外，大批量作为贸易瓷，另还有一些作为海外使者的答赠。宣德青花和永乐青花因特点和风格接近，在史书上，往往把永乐、宣德时期的青花列在一起称为"永宣"官窑，这在明代王世懋《窥天外乘》和黄正一《事物绀珠》中得到验证。

永乐、宣德官窑被称为中国"青花瓷器的黄金时代"[2]，这离不开当时先进的管理制度和成熟的技术。从技术上来说，超越了前朝，达到了最高峰，成为青花工艺的典范。明代王士性《广志绎》中载："本朝，以宣、成二窑为佳，宣窑以青花胜，成窑以五彩。宣窑之青，真苏浡泥青也。成窑时皆用尽，故成不及宣。"[3]明代谢肇淛《五杂俎》云："宣德不独款式端正，色泽细润，即其字画亦皆精绝。"又说："然惟宣德款式最精……其价几与宋器埒矣。"[4]明代田艺蘅《留青日扎》有言："宣与汝敌，永乐成化亦以次重。"[5]明代张应文在《清秘藏》、明代高濂在《遵生八笺》中均有赞美宣德瓷器。

清乾隆帝曾写下赞美明代官窑的11首诗，其中赞美宣德官窑的就有7首，可见宣德官窑的地位。清代朱琰在《陶说》有云："此明窑极盛时也。选料、制样、画器、题款，无一不精。"[6]清代《景德镇陶录》《南窑笔记》均对宣德青花以及青料大力推崇。宣德青料以进口苏麻离青为主，但有时候国产料和进口料会混合使用，根据瓷器的不同部位选择不同的青料，国产料淡描勾线，进口料渲染。明代《窥天外乘》《事物绀珠》有这类记载[7]。民国许之衡在《饮流斋说瓷》中认为，宣窑最美，乃明代"冠军"瓷，而且"发明极多，咸为后来所祖"[8]。

明宣德瓷器造型丰富，形制多样，大小样式应有尽有。最小的有几厘米的鸟食罐，大的有几十厘米的大罐（图1-22）、大盘、大缸等。除传统的器形盘、碗、洗、三足炉之外，创新器形有抱月瓶、长颈方口折壶、天球瓶（图1-23）、八方烛台（图1-24）、花浇、筒形花座、仰钟式碗等。部分器物参照来自西亚地区的铜器、金银器的造型，具有浓郁的西亚地区风格。

① 中国国家博物馆.中国国家博物馆馆藏文物研究丛书·瓷器卷(明)[M].上海:上海古籍出版社,2007:1.
② 中国硅酸盐学会.中国陶瓷史[M].北京:文物出版社,2009:370.
③ 吕成龙.柔和淡雅　明代成化御窑瓷器概述[J].紫禁城,2016(11):100-121.
④ (明)谢肇淛.五杂俎(物部)[M].北京:中华书局,1959:352.
⑤ 熊寥,熊微.中国陶瓷古籍集成[M].上海:上海文化出版社,2006:372.
⑥ 熊寥,熊微.中国陶瓷古籍集成[M].上海:上海文化出版社,2006:370.
⑦ 中国硅酸盐学会.中国陶瓷史[M].北京:文物出版社,2009:371.
⑧ (清)许之衡,叶喆民译注《饮流斋说瓷》译著[M].北京:紫禁城出版社,2005:77.

图 1-22　明宣德青花折枝花
果纹盖罐（北京故宫博物院）

图 1-23　明宣德青花云龙纹
天球瓶（北京故宫博物院）

图 1-24　明宣德青花花卉纹
八方烛台（北京故宫博物院）

图 1-25　明宣德青花缠枝
灵芝纹瓶（北京故宫博物院）

　　明宣德装饰纹样总体上呈现秀丽、典雅的艺术风格。植物纹样母题有牡丹、莲花、蔷薇、山茶花、菊花、灵芝（图 1-25）、月季等；果实类有桃、石榴、荔枝、枇杷、葡萄等（图 1-26、图 1-27）；动物类有麒麟、海兽、龙纹（图 1-28）、凤纹等；还有一些题材主要以画面形式来表现，例如人物图（图 1-29）、婴戏图、松竹梅（图 1-30）、竹石芭蕉图（图 1-31）、雉鸡图等。

图 1-26　明宣德青花三果纹
带盖执壶（北京故宫博物院）

图 1-27　明宣德青花折枝花果
纹葵瓣口碗（北京故宫博物院）

图 1-28　明宣德青花海水龙
纹高足碗（北京故宫博物院）

图 1-29　明宣德青花人物图
碗(北京故宫博物院)

图 1-30　明宣德青花松竹梅图
盘(北京故宫博物院)

图 1-31　明宣德青花竹石芭蕉
图带盖梅瓶(北京故宫博物院)

四、明正统、景泰、天顺

　　明正统、景泰、天顺三朝历时不足三十年，但上承宣德、下启成化，对瓷器发展来说，是重要的过渡时期。国内外学者有"空白期""过渡期""黑暗期""暧昧期"等说法，但越来越多的史料和出土文物证明了这是景德镇民窑入明以来第一个瓷业发展契机。

　　明正统时期，政局动荡，经济衰退，反映在御用瓷器上并未有太大的创新，产品质量和数量相比前朝明显下降。按照清乾隆七年《浮梁县志·陶政》记载，正统初年景德镇官窑停烧，"……，宣德中以营缮所丞专督工匠。正统初罢"[1]。明英宗实录第二十二卷中，记载了民窑瓷器作为贡瓷的案例，正统元年（1436 年）浮梁县民陆子顺一次就向北京宫廷进贡瓷器五万余件[2]。正统三年（1438 年）丙寅条、《明英宗实录》（卷一六一）、《明史·食货六·烧造》等均有禁止私自烧造瓷器的记录。这三朝期间是否停烧官窑，专家们有不同的说法，争议很多，但是对民窑的发展和成就是一致肯定的。

　　明正统、景泰、天顺三朝瓷器主要有青花瓷、青花矾红彩、斗彩、矾红彩、绿彩、仿龙泉青釉、白釉及青白釉瓷等，其中青花瓷数量最大，白釉、青白釉瓷的数量相对较少。明正统宫廷用瓷胎体较为洁白细腻，民用瓷器较白但略粗糙。明正统的青料以国产青料为主，偶尔掺用苏麻离青，相比前朝精细很多，青花发色蓝中泛灰、深沉幽暗，色料厚处少见黑色斑点，抚摸有凹凸不平感，色料较薄的地方呈现灰青色，偶有一点点蓝，晕散现象较少，流釉浓郁处为蓝黑色。

①　刘新园.明宣宗与宣德官窑[J].南方文物,2011(01):84-112.
②　秦大树,高宪平,翁彦俊.落马桥窑址明清遗存发掘的收获及相关问题[J].文物,2020(11):79-96.

中国瓷器缠枝纹装饰

图 1-32　明天顺青花山水鹤鹿八仙图罐
（北京故宫博物院）

图 1-33　明正统青花麒麟翼龙纹盘
（北京故宫博物院）

图 1-34　明正统青花孔雀纹
梅瓶（北京故宫博物院）

从瓷器形制来说，传承前朝瓷器形制，有常见的碗、盘、壶、杯、瓶、花盆等造型，也有绣墩、器座、瓷枕、花觚、尊、耳瓶等，还有许多的器型运用仿生造型来模仿自然，例如梨形壶、海浪耳瓶、花口瓶、葫芦瓶等。从装饰纹样来说，主要有海水纹、云龙纹、瑞兽纹、凤穿花卉、龙穿花卉、狮子滚绣球、缠枝纹、团花纹（图 1-32 至图 1-34）、莲池鸳鸯纹、梵文、莲托八宝纹等。正统至天顺时期的海水纹，一般以青花绘制，浪花纤细，画工细腻，从气势上来说，不如宣德海水纹有波涛澎湃之感。海水龙纹，一般以青花或者青花搭配矾红绘制，表现九龙纹的数量增多。但是大部分龙纹画工草率，比例不协调，线条比较粗犷，青花晕散不清，浓淡分野不明显。云龙纹，一般以青花或矾红或绿彩或相互搭配绘制，从精致程度来说，有的大器精致，龙的细节非常完整清晰，有的形制较小，绘制比较草率粗略。海水瑞兽纹，主要有青花和青花矾红彩两种，瑞兽与海水的青花用色浓淡分野不清晰。穿花凤纹，一般用青花绘制，整体布局比较紧凑，凤鸟的尾部为三尾居多，相比宣德体态有些臃肿。狮子绣球纹，以青花绘制居多，也有以矾红彩、绿彩绘制，有的狮子呈对称状，背景处有杂宝纹，有的狮子动态夸张，布局紧凑，描绘细腻。总体来说，狮子的姿态比较僵硬，威严感不足。缠枝纹装饰主要用青花绘制，也有用刻划技法装饰的，釉色为青釉或者青白釉，代表瓷器有侈口（敞口）碗及莲子碗两种。但总体来说，相比前朝，花卉的灵动感不足，缺乏生机。团花纹，正统至天顺及成化时期，布局较有秩序。人物纹，青花描绘，婴戏图居多，五官细节描绘清晰，但姿态、神情有僵硬感。莲池鸳鸯纹，较多采用斗彩装饰，常见于碗、盘、高足杯等。梵文，大多以青花书写（图 1-35）。莲托八宝纹有

图 1-35　明天顺青花梵文
三足炉（北京故宫博物院）

粗程式化之感。

正统至天顺时期民窑中彩瓷有青花瓷、釉里红、青花釉里红、素三彩及红绿彩等瓷器。从装饰风格来说，仿元青花瓷器风格，梅瓶与大罐比较多。梅瓶与宣德时期的大致相同，但口部不再像宣德时期的这样外卷，而是收紧，肩膀较瘦，轮廓线条平缓，足不外撇。罐子与宣德时期的类似，造型高大的偏多，矮小的罐形较少见。或是模仿官样风格，这与当时民窑大量烧制宫廷用瓷有关，这也给民窑多样化发展奠定了良好的基础。

五、明成化

明成化时期，社会比较安定，景德镇御窑厂全面恢复，瓷器产量高，品种多。《明史》卷八二《食货志》载："成化间，遣中官之浮梁景德镇，烧造御用瓷器，最多且久，费不赀。"[1]在成化十五年（1479 年）和二十一年（1485 年），均有官吏曾因灾异严重和耗费巨大而建议皇上停烧御窑，成化帝均拖延搪塞，并未停烧。这从侧面反映了成化一朝对瓷器烧造的重视。

明成化的瓷器品种约达 29 种，其中青花、釉里红、五彩、斗彩、杂釉彩、素三彩、珐花、颜色釉为最佳，尤其是斗彩瓷成为举世瞩目的瓷器品种（图 1-36）。明成化青花可分两类：一类为成化初期的瓷器，延续宣德青花的风格，染料也采用苏麻离青，因此与宣德青花相似处较多，难以区分。另一类成化青花瓷采用平等青作为青料。平等青又称

图 1-36　明成化斗彩鸡缸杯
（北京故宫博物院）

陂塘青。这类青花瓷大多胎体轻薄，瓷土白皙细腻，釉色莹润凝脂，青色发色淡雅，若透光观察，可见胎体泛出淡红色，这一类是成化青花瓷的主要代表。此类青花与弘治青花可归为一类，有"成弘不分"的说法。成化釉里红延续了宣德釉里红技法，主要有两种：一种是铜红彩描绘图案纹饰的"线绘釉里红"，另一种是局部使用鲜红釉的"宝烧"。五彩瓷器，色彩纷呈，可分为"纯釉上五彩"和"青花五彩"。"斗彩"是一种釉下青花和釉上诸彩相结合，采用"双钩填彩"，再辅以"点彩""染彩""覆彩"等技法烧造的瓷器。文献中的"斗彩"史料，首次出现是在清中期《南窑笔记》中[2]。

---

① 中国硅酸盐学会.中国陶瓷史[M].北京:文物出版社,2009:374.
② 熊寥,熊微.中国陶瓷古籍集成[M].上海:上海文化出版社,2006:657.

中 国 瓷 器 缠 枝 纹 装 饰

从形制上来说，除传承前朝器物造型以外，比较有特色的杯有鸡缸杯、高足杯、马蹄杯等；碗有鸡心碗、墩式碗、卧足碗、高足碗（图1-37）等；瓶类有鹤颈瓶、瓜棱瓶、胆瓶、玉壶春瓶、梅瓶等；盘类有收口、撇口、菱花口式，最大的有直径近40厘米的大盘。罐子以"天字罐"最为著名，常见的还有高罐、扁罐等（图1-38）。

图 1-37 明成化青花八吉祥纹高足碗
（北京故宫博物院）

图 1-38 明成化斗彩云龙纹天字盖罐
（北京故宫博物院）

从纹样装饰来说，主要有人物纹、动物纹、植物纹、自然纹样等。成化年间对龙凤纹有严格的使用规定，御窑瓷器可用龙凤纹进行装饰，但是其他民窑禁止使用或者私藏此类装饰纹样的器物。人物装饰的纹样以婴戏纹（图1-39）、高士纹（图1-40）为主，瓷器上装饰的人物衣着单薄，有成窑"一件衣"的说法。从动物纹来说，有龙纹、凤纹、海马纹、狮子绣球纹、麒麟纹、海兽纹、花蝶纹、鸳鸯纹等。从植物纹来说，有莲花、牡丹、秋葵、菊花、栀子花、宝相花等组成的缠枝花卉纹，还有松竹梅纹、灵芝花草纹、苜蓿纹、兰花纹、山茶花纹、牵牛花纹等。也有许多人物、动物、植物、自然纹样的组合，例如莲花八宝纹、折枝瓜果纹、云龙纹、山石纹、十字杵纹、梵文、藏文、八宝纹等。民窑瓷器上的纹饰有的柔和，有的细致，有的潦草，但大多较活泼潇洒，带有清丽之风。总体来说，成化瓷的装饰风格影响弘治一朝的装饰走向。

图 1-39 明成化斗彩婴戏图杯
（北京故宫博物院）

图 1-40 明成化斗彩高士图杯
（北京故宫博物院）

从艺术风格上来说，明成化瓷器形制规整，玲珑秀奇，端巧工细，装饰文雅，精致小件居多，大件器物较少，因此有"成化无大器"的说法。尤其是成化斗彩，是当时瓷器色彩艺术的最高峰，为后续彩瓷的发展奠定了基础。从整体上来说，风格婉约柔美，与永宣时期较为雄健豪放的风格有较大变化，后人对其评价颇高。

六、明弘治

明弘治初年，全面推行新政，有了一定程度的发展。由于弘治期间，官窑曾经停烧数次，从前朝成化29个瓷器品种减少至16个品种。《明史》卷一五《本纪第十五孝宗》载："弘治三年……冬十一月甲辰，停工役，罢内官烧造瓷器"，又"弘治十五年……三月癸未，罢饶州督造瓷器中官"。[①]《明实录·大明孝宗敬皇帝实录》卷四五"弘治三年十一月甲辰"条载："今卿等言天寒军士久劳，工役及烧造内官骚扰地方，诚宜停止。其令……江西烧造瓷器内官不必差，庶副朕畏天恤民之意。"[②]这些史料均记载了弘治期间官窑停烧的一些事例。

明弘治青花在形制、纹样、材料等各方面，都沿袭了成化青花。弘治时期景德镇官窑生产大约16个瓷器品种，其中浇黄釉瓷、浇黄地青花瓷、白地绿彩瓷最有成就和特色。浇黄地青花瓷，由青花瓷衍生，宣德时期景德镇已经有烧造，后来成化、弘治、正德、嘉靖时期均有烧造。浇黄地青花瓷是先高温烧制成白地青花瓷，再"浇釉"施以低温黄釉，接着将青花纹饰上的黄釉刮掉，然后进行低温烧造而成。例如，北京故宫博物院藏《明弘治黄地青花折枝花卉纹盘》（图1-41），黄地衬蓝花，温馨素雅。

白地绿彩瓷，属杂釉瓷器，白釉地衬托绿彩，显得干净秀气。明永乐时开始烧造，后来成化、弘治、正德、嘉靖等朝均有烧造。例如北京故宫博物院藏《明弘治白地绿彩暗刻海水云龙纹碗》（图1-42），瓷胎白皙，绿彩青翠，秀气素雅。浇黄釉瓷是低温色釉瓷，因"浇釉法"而得名，又因颜色娇嫩，称为"娇黄釉"。浇黄釉是瓷胚经过高温烧制，冷却后再在胎体上施釉，然后低温烧造而成。明弘治时期的"浇黄釉"色泽均匀，温润娇嫩，黄色如鸡油一般，有"娇黄""鸡油黄"之俗称。例如，故宫博物院藏《明弘治黄釉兽耳罐》（图1-43）、《明弘治

图1-41　明弘治黄地青花折枝花卉纹盘（北京故宫博物院）

图1-42　明弘治白地绿彩暗刻海水云龙纹碗（北京故宫博物院）

① 吕成龙.文雅温润 柔和素净 明代弘治、正德朝景德镇御窑瓷器钩沉[J].紫禁城,2017(07):32-49.
② 吕成龙.明代弘治、正德朝景德镇御窑瓷器简论[J].故宫博物院院刊,2017(05):121-132.

黄釉描金双系尊》（图1-44）等。

图 1-43 明弘治黄釉兽耳罐（北京故宫博物院）

图 1-44 明弘治黄釉描金双系尊（北京故宫博物院）

从瓷器风格来说，弘治瓷器传承成化官窑瓷器的特点，装饰艺术风格接近，造型秀美，釉质细腻，纹饰纤柔，色彩淡雅。弘治时期的民窑青花瓷产量较高，前期胎质细腻轻薄，后期逐渐向厚实发展。莲池游龙较有特色，前朝的龙一般都穿梭在云中、天空中，弘治时期的游龙在莲池中（图1-45），与龙原本神物的象征有些偏远，此后类似题材较少。

图 1-45 明弘治青花莲池游龙纹碗（北京故宫博物院）

七、明正德

明正德时期，社会阶级矛盾激化，明朝统治日益衰落。曾经停烧过景德镇官窑，但不久又恢复了烧造。正德青花瓷逐渐向胎体厚重、装饰繁缛的方向发展。正德瓷器品种较为丰富，约有22个瓷器品种，除青花为传统重要瓷器品种外，孔雀绿釉瓷、孔雀绿釉青花瓷、素三彩瓷等非常知名，青花矾红彩瓷也有不俗的表现。孔雀绿釉瓷，因色彩似孔雀羽毛"绿"而得名，又名"法翠""翡翠""吉翠"。元代时期，开始是在青花瓷的基础上创烧。宋、金时期，北方民窑就有烧造孔雀绿釉瓷，明代多个朝代进行了传承与发展，其中以正德时期发色最纯正，最为知名。例如，故宫博物院收藏的《明正德孔雀绿釉碗》（图1-46）。此种瓷器是先用青花料在胎体表面绘制纹样，再用透明釉涂抹这些纹样，接着入窑烧制成青花涩胎，冷却后再罩上一层孔雀绿釉，然后高温烧造而成。例如，北京故宫博物院收藏的《明正德孔雀绿釉青花四鱼纹盘》（图1-47），青花鱼的色彩呈现蓝黑色，在孔雀绿釉的衬托下，非常沉静内敛。素三彩瓷，在成化时期已经有烧造，明清时期均有一定数量的烧造。素三彩的"三"有"多"的意思，主要色彩为黄、茄、绿，这在清末寂园叟《陶雅》、民国初年许之衡

《饮流斋说瓷》中可以得到验证。正德素三彩瓷器色彩素雅、协调柔和，例如北京故宫博物院藏《明正德素三彩暗刻海兽纹三足洗》（图 1-48）。青花矾红彩瓷是青花与红彩相结合，两种色彩相互辉映，对比鲜明，例如《明宣德青花矾红彩五鱼纹碗》（图 1-49）。早在明永乐时期瓷器中就有用矾红彩绘，宣德、嘉靖时均有多种造型和装饰纹样。矾红釉又名铁红釉，色泽呈现橙红色，是低温烧制而成的红釉色瓷器，至少 2 次入窑，烧造程序比高温釉复杂。清代朱琰的《陶说》有记载，矾红釉，用青矾炼红加铅粉、广胶合成。

图 1-46　明正德孔雀绿釉碗
（北京故宫博物院）

图 1-47　明正德孔雀绿釉青花四鱼纹盘
（北京故宫博物院）

图 1-48　明正德素三彩暗刻海兽纹
三足洗（北京故宫博物院）

图 1-49　明宣德青花矾红彩五鱼纹碗
（北京故宫博物院）

明正德时期青花料比较复杂多样，平等青、石子青、回青等都有使用。明正德《瑞州府志》、明万历《窥天外乘》等均有对青花染料的描述。正德青花可分为早、中、晚三个时期，早期的正德青花数量偏少，样式与成化青花比较类似。中期有一批典型的独具时代特色的青花器物，有的是创新造型，有的尺寸偏大；晚期因采用回青料，色泽浓郁，发色浓艳，风格与嘉靖青花接近。例如宫碗，又称正德碗，造型非常有特色，创烧流行于宣德，历史上评价很高。除此以外，还有仰钟式碗、直口墩式壶、画满青花纹饰陪葬的"圹碗"。民窑比较有特色的有石榴形小罐、八方罐等，此类造型过去非常少见。

从装饰纹样来说，官窑瓷器装饰显得繁缛，与前朝相比，纹样主要采用轮廓双勾线技法，很少有笔触效果。明正德瓷器上除常见传统纹样之外，还采用不同文字作为纹样装饰，有的瓷器上有开光，开光内有文字，开光外为吉祥图案。这些波斯文字大多是吉祥语句，有些主要说明瓷器的用途（图1-50、图1-51）。正德瓷器装饰也常用人物纹，主要故事题材有松下高士、渊明爱菊、携琴访友、八仙过海、松下读书老人、松下乐女、婴戏图（图1-52）等。

图 1-50 明正德青花梵文圆盒（北京故宫博物院）　　图 1-51 明正德青花阿拉伯文碗（北京故宫博物院）　　图 1-52 明正德青花竹石芭蕉婴戏图碗（北京故宫博物院）

八、明嘉靖

明嘉靖时期，景德镇官窑产量增大，品种增多。嘉靖九年（1530年），景德镇官窑开始施行"官搭民烧"制度，根据史料记载，在此制度下烧造的瓷器约60万件，还有未记载的数量，可谓是数量巨大。此外，弘治以来"烧造未完者"有30余万件，这说明嘉靖一朝尤其重视瓷器的烧造。品种多于前朝，达到了36个之多，其中最有特色的当属青花、五彩、瓜皮绿釉瓷等品种，但总体质量有所下降。嘉靖时期能够烧造如此巨大数量的瓷器，很大一部分原因是民窑不断增多，《明世宗实录》第240卷写道：嘉靖十九年（1540年）景德镇陶瓷从业人员达到万余人[1]。布政使王宗沐在《江西大志·陶书》中写道，民窑窑炉经过改革，同样的投入情况下民窑产量可以比官窑大三倍以上。关于"官搭民烧"有多种看法，明朝宫廷为维持御窑厂的统治地位，利用特权盘剥民窑。明王宗沐在《江西大志·陶书》中写道："官作趋办塞贵，而私家竭作保佣，成毁之势异也。"[2]民窑为官窑服务，自身生产发展受到严重限制。万历陆万垓增补《江西大志》："民窑……多以歪斜浅淡瓷器塞责……。"[3]一些民窑有应对之策，用粗略瓷器抵用。但我们可以分析，此种制度促使官窑生产力不足的问题得到了解决，民窑瓷器与官窑瓷器有了进一步交流，形成了新的特色[4]。

明嘉靖采用的青花料共有三种，陂塘青、石子青和回青，官窑青花瓷一般都会混用回青和石子青，这使得青花色彩蓝中泛紫，较为鲜艳浓烈，既避免色彩过度淡雅，

① 中国硅酸盐学会.中国陶瓷史[M].北京：文物出版社,2009:359.
② 赵宏."官搭民烧"考[J].故宫博物院院刊,1996(01):81-85.
③ 刘毅.论"官搭民烧"与明嘉靖民窑青花发展及艺术新风[J].中国陶瓷,2011(12):83-85.
④ 赵宏.明代陶政研究[J].陶瓷研究,1999(01):51-56.

又避免呈现灰黑色、铁锈斑，开创了明代御窑瓷器青花瓷色彩技术的新阶段。在嘉靖三十五年（1556 年）王宗沐撰写的《江西大志》中对回青、石子青使用方法和效果有详细的说明[①]。例如，《明嘉靖青花缠枝莲双龙纹花盆》（图 1-53）色彩浓郁，蓝中带紫。从形制上来说，瓷器造型多样，大宗产品增加，异形器也非常多。由于嘉靖皇帝崇信道教，与道教有关的装饰艺术尤其多，例如葫芦纹（造型）（图 1-54）、云鹤纹、八卦纹、灵芝纹、八仙过海图、老子讲道图、"福禄寿"字、"国泰民安"字（图 1-55）等装饰题材非常丰富。

图 1-53　明嘉靖青花缠枝莲双龙纹花盆(北京故宫博物院)

图 1-54　明嘉靖青花"国泰民安"云鹤纹葫芦瓶(北京故宫博物院)

图 1-55　明嘉靖青花开光狮纹盖罐（北京故宫博物院）

五彩瓷器，有青花五彩和纯釉上五彩。从形制上来说，器形趋于多样，既有精致小器，也有厚重大器，还有工艺复杂的异形器，仿古铜器风气较盛。从装饰题材来说，较多为动物、植物、人物等主题，例如《明嘉靖五彩人物图委角方盒》（图 1-56）、《明嘉靖五彩鱼藻图罐》（图 1-57）、《明嘉靖五彩团龙纹罐》（图 1-58）等。

图 1-56　明嘉靖五彩人物图委角方盒(北京故宫博物院)

图 1-57　明嘉靖五彩鱼藻图罐(北京故宫博物院)

图 1-58　明嘉靖五彩团龙纹罐(北京故宫博物院)

①　汪庆正.青花料考[J].文物,1982(08):59-64.

瓜皮绿釉瓷器，因色泽碧绿如西瓜皮而得名，又名"浇绿釉"，其上釉的方法是将釉浆均匀地浇在素烧过的瓷胎上。明宣德朝就有烧造，后续朝代均有烧造，其中嘉靖的瓜皮绿釉瓷器的绿色最为纯正，历代评价较高。例如，《明嘉靖瓜皮绿釉暗划云凤纹尊》（图1-59）造型庄重典雅，器身均为绿色，瓷器表面刻划了云凤纹。

图1-59 明嘉靖瓜皮绿釉暗划云凤纹尊（北京故宫博物院）

九、明隆庆

明隆庆一朝时间较短，仅6年，这期间瓷器品种骤减，最主要的瓷器产品有青花瓷和五彩瓷，风格上完全承袭嘉靖风格。虽然品种锐减，但按照《浮梁县志》记载，烧造量仍然很大[1]。从青料上来说，仍使用石子青加回青混合，由于提炼和配比技术精进，呈色愈加稳定、悦目。

明隆庆装饰纹样总体较为豪迈潇洒，布局疏朗，绘画工整，有拘谨之感。官窑传世品不多，多为碗盘之类（图1-60），大器较少。此外，也有一些独具特色的鱼缸、蟋蟀罐（图1-61）、圆盒（图1-62）、菱花式洗、梅花式碟等出现，有的还配合镂空技法，值得一提的是，新创了提梁壶（图1-63）。从装饰题材来说，有龙凤、花鸟、莲池鸳鸯、杂宝、仕女、婴戏等，有时候用开光形式来表现。民窑瓷器造型中，增加了一些小件器物，如各种罐、炉、盒、碟、军持等。

图1-60 明隆庆仿宣德青花团花纹碗（北京故宫博物院）

图1-61 明隆庆青花缠枝莲纹蟋蟀罐（北京故宫博物院）

图1-62 明隆庆青花龙凤纹圆盒（北京故宫博物院）

图1-63 明隆庆青花龙凤纹提梁壶（北京故宫博物院）

---

[1] 中国硅酸盐学会.中国陶瓷史[M].北京：文物出版社，2009：376.

十、明万历

明万历是明朝使用时间最长的年号。此时资本主义开始萌芽，社会经济有了一定的发展，宫廷和上层社会对于细瓷有大量需求。废除海禁后，对外贸易中瓷器需求增长，使得烧造量一度上升。光绪《江西通志》（卷四九）写道，万历年间，镇上佣工，每日不下数万人①。明万历王世懋在《二酉委谭》中记录了当时的场景："万杵之声殷地，火光烛天，夜令人不能寝，戏呼之曰：'四时雷电镇'。"②这与《明代景德镇御器厂大事年表》显示的烧造产量是可以对应的，万历十年烧造瓷器九万多件，在此之后，共烧造二十三万九千件③。此后，再无烧造记录，虽有实物，但产量已经完全下降。

明万历早期延续前朝风格，瓷器上的回青料烧成之后呈色蓝中泛紫，较为浓郁。万历二十四年（1596年）左右，由于回青料不足，浙料开始批量使用。浙料是指浙江省衢州、信州、绍兴、金华等地区的青料。浙料青瓷色彩蓝中偏灰，颇有淡雅明快、沉静之感，与史书中写的"青竭而粗恶不堪"并不相符。

明万历的瓷器造型有自己的风格，且影响之后瓷器的发展走向。万历朝御窑青花瓷器造型繁多，是明代青花瓷造型之最，御窑厂烧造大型的龙缸、屏风、花瓶，还烧造碁盘、烛台、笔管等器物。除青花外，五彩（图1-64）、黄地绿彩（图1-65）、黄地紫绿彩（图1-66）、素三彩（图1-67）、茄皮紫釉（图1-68）、祭蓝釉（图1-69）等均非常有特色。从装饰纹样来说，万历瓷器的题材较多为龙凤纹（图1-70、图1-71）、缠枝纹、婴戏纹、鱼藻纹、狮子戏球等。与道教有关的云鹤、八卦、八仙人物等纹样

图1-64　明万历青花五彩"大吉"花卉纹葫芦瓶
（北京故宫博物院）

图 1-65　明万历黄地绿彩龙纹碗
（北京故宫博物院）

---

① 万明.明代青花瓷崛起的轨迹——从文明交融走向社会时尚[J].故宫博物院院刊,2008(06):22-42.
② 方李莉.景德镇民窑[M].北京：人民美术出版社,2002:17.
③ 中国硅酸盐学会.中国陶瓷史[M].北京：文物出版社,2009:376.

中 国 瓷 器 缠 枝 纹 装 饰

仍然出现。万历瓷器装饰大多比较满密，纹样堆砌现象比较常见，有的器表描绘二十几种吉祥图案，有的铺锦地再开光，开光中绘制主题纹饰（图1-72），此类装饰样式颇多。

图 1-66 明万历黄地紫绿彩龙纹盘
（北京故宫博物院）

图 1-67 明万历紫地素三彩折枝花果云龙纹盘（北京故宫博物院）

图 1-68 明万历淡茄皮紫釉锥拱云龙纹碗（北京故宫博物院）

图 1-69 明万历祭蓝釉爵
（北京故宫博物院）

图 1-70 明万历青花穿花龙纹带盖梅瓶（北京故宫博物院）

图 1-71 明万历五彩镂孔云凤纹瓶
（北京故宫博物院）

图 1-72 明万历青花双凤牡丹纹象耳炉
（北京故宫博物院）

Chapter II >>
第二章 **明代瓷器缠枝纹装饰艺术**

明代，是中国缠枝纹大发展时期，在吉祥文化的充分浸染下，缠枝纹具有相当的表现力和融合性。唐宋元三朝的烧瓷技术不断精进，明代瓷器艺术得到极大的发挥，瓷器造型与装饰积极创新，给缠枝纹大发展带来了新的契机，前朝较为严肃的动物题材开始向世俗化装饰转变，龙凤等神话动物与植物花卉结合愈加丰富，花卉植物类装饰母题扩大，但凡与吉祥文化有关的统统都搬上了瓷器装饰的舞台。在诸多装饰题材中，与道教有关的人、物、事件等得到了前所未有的重视。

第一节　明代瓷器缠枝纹装饰母题

明代瓷器形制多样，装饰丰富，色彩缤纷，是吉祥文化的重要载体。明代青花瓷、釉里红、五彩瓷、素三彩、单色釉等各种瓷器为缠枝纹提供了优质的载体，缠枝纹装饰母题比前朝更为丰富、广泛。牡丹，象征着富贵；莲花，象征着纯洁；西番莲，象征着吉祥连连，象征着百姓吉祥平安的生活理想；菊花，象征着去病无灾，健康长寿；石榴、葡萄，象征着多子多孙；灵芝，象征着健康长寿；葫芦，自带仙气，象征着平安富贵；吉祥八宝，象征着辟邪永生……还有各种母题的组合装饰，为明代呈现了装饰艺术的饕餮大餐。

一、缠枝牡丹纹

牡丹纹，是明代缠枝纹常见的造型之一。明代缠枝牡丹纹，既有独立的二方连续、四方连续，也有和其他母题一起搭配组合的装饰题材。牡丹纹是雍容华贵、繁荣昌盛之典范，搭配石榴纹代表"富贵多子"，搭配四季花卉代表富贵永春，搭配万字纹饰代表"富贵万年"等。在描绘技法的发展过程中，牡丹纹从前朝肥厚的大花大叶、端庄的仪态转向了较为轻松随意、技法多样的表现方式，这是世俗化表现的标志。《明洪武青花牡丹缠枝把壶》（图 2-1）的腹部装饰缠枝牡丹纹，牡丹的花冠较大，采用层层晕染的设色方法，茎叶较细且柔软，对比强烈，生动自然。明永宣青花中，缠枝牡丹花大叶小，枝条柔软纤细，花叶满密。《明宣德青花牡丹折枝花果纹大碗》（图2-2）外壁装饰有缠枝牡丹纹，花朵较大呈团状，枝条柔软，画工细腻。《明宣德青花转枝牡丹纹大碗》（图2-3）口沿往下外壁装饰有缠枝牡丹花，牡丹娇俏，叶脉纹理清晰，枝叶交错，描绘细腻生动。《明永乐青花折枝牡丹纹折沿盘》（图2-4）的盘内中心装饰折枝牡丹纹，花冠较大较圆，花瓣分层晕染，有柔和饱满之感。

图2-1　明洪武青花牡丹缠枝把壶
（震旦艺术博物馆）

图2-2　明宣德青花牡丹折枝花果纹大碗
（台北故宫博物院）

图2-3　明宣德青花转枝牡丹纹大碗
（台北故宫博物院）

图2-4　明永乐青花折枝牡丹纹折沿盘
（中国国家博物馆）

二、缠枝莲纹

明代，从佛教走向世俗化的莲花纹更具有亲和力，装饰载体丰富，装饰形态多样。明代缠枝牡丹纹，表现形式多样，单独纹样、二方连续、四方连续，也有和其他母题一起搭配组合的装饰题材。莲花代表着清廉高洁，代表着万事万物永生不灭的思想。明代莲花纹喜用于与龙纹、凤纹、暗八仙、八吉祥等吉祥纹样进行组合，形成了龙穿莲花（图2-5）、凤穿莲花（图2-6）、缠枝莲托八宝（图2-7）、缠枝莲托梵文（图2-8）等装饰纹样。例如，台北故宫博物院收藏的《明宣德青花缠枝莲花纹盘》（图2-9）适合纹样以莲花纹、勾莲纹的不同形态进行了缠绕运动，纹样清晰，形态优美。又如，北京故宫博物院收藏的《明宣德青花缠枝莲纹宝月壶》（图2-10）的腹部装饰有莲花、牡丹、菊花等缠枝花卉纹，枝条柔软，叶片脉络分明，布局满密。

图 2-5　明正德青花龙穿缠枝莲纹碗
（北京故宫博物院）

图 2-6　明正德青花缠枝莲四凤纹盖罐
（北京故宫博物院）

图 2-7　明成化青花缠枝花纹
鼓钉三足炉（北京故宫博物院）

图 2-8　明万历青花梵文碗
（北京故宫博物院）

图 2-9　明宣德青花缠枝莲花纹盘
（台北故宫博物院）

图 2-10　明宣德青花缠枝莲纹宝月壶
（北京故宫博物院）

三、缠枝西番莲纹

明代，西番莲纹大发展。西番莲纹早在元代之前就已传入我国，至明清时期非常流行。其形态来源于"勾莲纹"，花瓣的下部肥厚处线条转变成曲线状钩形。从目前来看，西番莲纹的原型有多种看法：有的认为以大丽花为原型[1]，有的认为是"洋莲"（银莲花、铁线莲、西番莲纹）品种[2][3]，也有将西番莲纹和莲花纹都归纳为莲纹[4]，认为西番莲纹是莲花纹的变形形式。瓷器上西番莲纹的形态变化多样，根据器形的不同而灵活绘制，装饰线条流畅。西番莲纹的装饰适应性非常强，明代瓷器中，常见的碗盘，典型的具有伊斯兰风格的扁壶、天球瓶和抱月壶等时常出现此种纹样（图2-11至图2-13）。可以看出，此种纹样，既作为贸易瓷的装饰，又受到了明代百姓的喜爱。从《明嘉靖青花缠枝莲兽纹盖罐》（图2-14）、《明嘉靖黄地青花龙穿缠枝莲纹盘》（图2-15）来看，西番莲纹、龙纹、瑞兽纹等相互结合，既有本土吉祥纹样，又有外来装饰纹样，混合装饰的风格浓郁。

图 2-11　明万历矾红地青花缠枝莲纹瓶
（北京故宫博物院）

图 2-12　明万历青花加彩缠枝莲纹葫芦瓶
（北京故宫博物院）

图 2-13　明宣德青花缠枝莲纹碗
（北京故宫博物院）

---

① 傅振伦《陶说》译注［M］.北京：轻工业出版社，1984：239.
② 王怡萍.元明清官窑番莲花纹饰之研究［M］.北京：社会科学文献出版社，2017：13.
③ 邓淑苹.国色天香——伊斯兰玉器.台北：台北故宫博物院，2007：17.
④ 余勇，张亚林.常用陶瓷装饰纹样［M］.南昌：江西美术出版社，2002：111-112.

图 2-14　明嘉靖青花缠枝莲兽纹盖罐
（北京故宫博物院）

图 2-15　明嘉靖黄地青花龙穿缠枝
莲纹盘（北京故宫博物院）

四、缠枝芙蓉纹

芙蓉花，又称木芙蓉、木莲、拒霜花，花开于深秋季节。芙蓉花与秋菊冬梅并称"三杰"。历代文人都赋诗赞美芙蓉花。南北朝沈约《咏同心芙蓉》、隋代杜公瞻《咏芙蓉》、唐代魏承班《木兰花·小芙蓉》、明代文徵明《钱氏池上芙蓉》等都赞美了群芳摇落之后，只有"芙蓉独自芳"。《明宣德青花转枝芙蓉花撇口盘》（图 2-16）装饰的缠枝纹疏密穿插，花卉和叶片形态似乎有一种程式化的规定，缠枝芙蓉花花瓣层层叠叠。《明宣德青花四季花卉纹大碗》（图 2-17）碗外壁装饰青花四季花卉纹，其中就有芙蓉花，花冠较大，枝叶柔软，疏密有致。

图 2-16　明宣德青花转枝芙蓉花
撇口盘（台北故宫博物院）

图 2-17　明宣德青花四季花卉纹
大碗（台北故宫博物院）

五、缠枝菊花纹

明代菊花纹，寄托了人们期盼健康与平安的朴素思想。明代瓷器中直接用菊花花瓣来制作碗盘之类造型较多。明代缠枝菊花纹，往往以组合的形式出现，菊花与四季花卉组合丰富，寓意四季平安。菊花与果实结合，寓意着丰收，尤其以缠枝纹作为边饰，与葡萄、瓜果、竹石、灵芝等的组合较多（图 2-18），充分体现了"融合"之美。

《明永乐青花菊瓣纹碗》（图2-19）的内壁装饰有山茶花、菊花相互间隔构成的缠枝纹，花大叶小，枝茎柔软但线条挺拔，叶片随风舞动，颇为生动。《明洪武釉里红缠枝菊花纹玉壶春瓶》（图2-20）的腹部布满了缠枝菊花纹，花叶比较饱满，花呈现太阳光发射状形态，花瓣绕花心一周，茎叶绕花冠而行，装饰满密。《明龙泉窑青釉刻花缠枝菊纹石榴尊》（图2-21）的整体造型模仿石榴，腹部刻缠枝菊花纹，纹饰精细生动，清新雅致，是龙泉窑传世品中的精品。

图2-18　明洪武青花竹石石榴花纹盘（北京故宫博物院）

图2-19　明永乐青花菊瓣纹碗
（中国国家博物馆）

图2-20　明洪武釉里红缠枝菊花纹玉壶春瓶
（中国国家博物馆）

图2-21　明龙泉窑青釉刻花缠枝菊纹石榴尊
（北京故宫博物院）

六、缠枝石榴纹

石榴，又名安石榴、丹若等。石榴原非我国本土植物，是在汉代时由古代波斯传入。晋代张华《博物志》、潘尼《安石榴赋》、唐代欧阳询等人编纂的《艺文类聚》、北魏贾思勰《齐民要术》等文献均对石榴历史、属性、特点等进行了描述。石榴果具有"千子一房"的特点，象征着子嗣绵延。明代装饰组合形式较多，石榴花、石榴果往往和四季花卉、佛手、桃等吉祥寓意的题材结合，寓意多子、多寿、多福（图2-22、图2-23）。《明宣德青花缠枝石榴纹贯耳瓶》（图2-24）的腹部有缠枝石榴花纹，花冠呈舞动的火焰形，颇有韵味。此类样式的石榴纹贯耳瓶在清代时有模仿。

图2-22　明宣德青花折枝石榴花　　图 2-23　明宣德青花牡丹折枝　　图 2-24　明宣德青花缠
果纹盘(台北故宫博物院)　　　　花果纹大盘(台北故宫博物院)　　枝石榴纹贯耳瓶(中国国
　　　　　　　　　　　　　　　　　　　　　　　　　　　　　　　家博物馆)

七、缠枝葡萄纹

　　明代的葡萄纹是典型的藤蔓纹样，有多子多福之意，也是丰收的象征。从瓷器装饰纹样形态上来看，相比前朝，藤蔓减少，果实增多。虽然大部分缠枝葡萄纹与其他母题的缠枝纹构成形态有所不同，但是并未采用"S"形主茎的构成形式，而是采用仿生的画法，与现实的葡萄纹相对比较接近，例如《明宣德青花葡萄纹花口盘》(图2-25)、《明永乐青花葡萄纹高足碗》(图2-26)、《明弘治青花葡萄纹墩式碗》(图2-27)。葡萄本身作为一种缠绕植物，仿生描绘其形态已经具备了缠绕的特性，因此，在这里将其纳入，丰富缠枝纹的内容与表现形式。

图 2-25　明宣德青花葡萄纹　　图 2-26　明永乐青花葡萄　　图 2-27　明弘治青花葡萄纹
花口盘(中国国家博物馆)　　纹高足碗(北京故宫博物院)　　墩式碗(北京故宫博物院)

八、折枝瓜果纹

　　瓜果，是植物花开花谢之后的成果，寓意着丰收。折枝瓜果纹往往是各类具有吉祥寓意的题材组合而成的，有的是不同种类的瓜果组合，有的是瓜果和吉祥花卉组合，有的瓜果和带有吉祥意义的词语在一起组合，等等，代表着明人对生活的追求和祝福

（图 2-28）。明代瓷器上的花果纹装饰非常丰富，有桃子、荔枝、枇杷等果实，一般以折枝纹的形式呈现（图 2-29、图 2-30）。部分瓷器有开光，瓜果纹在内外都有应用（图 2-31、图 2-32）。

图 2-28　明青花桃实纹碗
（北京故宫博物院）

图 2-29　明弘治折枝花果纹
（北京故宫博物院）

图 2-30　明万历青花花果
双龙纹碗（北京故宫博物院）

图 2-31　明宣德青花三果纹
带盖执壶（北京故宫博物院）

图 2-32　明万历青花花果云
鹤纹盒（北京故宫博物院）

第二节　明代瓷器缠枝莲花纹

　　明代的缠枝莲花纹在发展过程中不断地丰富着内涵和外延，已具有社会主体文化精神的多重特征，从而获得了来自社会各阶层的广泛认同。明代，中外文化交流频繁，吉祥文化高度发展，缠枝莲花纹作为雅俗共赏的装饰题材，以其回转缠绕的构成形式、丰富有序的组合法则，延续着前朝的繁华，成为装饰频率最高的纹样题材之一。

一、明代瓷器缠枝莲花纹之花形

　　明代莲花纹（表 1）应用广泛。从形态上来说，莲花花冠一般呈对称状，有的采取勾线平涂填色，有的勾线后晕染层次，有的在勾线边缘留白，有的花瓣留白，总体来看，比较严谨。也有部分莲花纹的花瓣造型从别的花卉处吸收了外形，穿插在莲花花瓣丛中，但从花冠看，仍然具备莲花纹的特征。明代的莲花纹与龙、与凤、与瑞兽或者与暗八仙、八宝、文字或其他吉祥纹样形成了多种新型装饰组合，例如龙穿莲花、凤穿莲花、缠枝莲托八宝、缠枝莲托梵文等。瓷器的几乎所有造型均可以用缠枝莲花纹进行装饰，而这些缠绕纹样会始终围绕着器形做骨骼、枝叶的灵活调整。

表 1　明代瓷器莲花纹

序号	瓷器图形	莲花纹的花形
1	明洪武青花缠枝花卉兽耳瓶（震旦艺术博物馆）	
2	明洪武釉里红缠枝莲花纹盏托（中国国家博物馆）	
3	明嘉靖青花缠枝莲纹罐（中国国家博物馆）	
4	明永乐青花折枝牡丹纹折沿盘（中国国家博物馆）	

续表1

序号	瓷器图形	莲花纹的花形
5		
	明永乐青白釉暗花缠枝莲纹碗（中国国家博物馆）	
6		
	明永乐青花折枝花果纹执壶（中国国家博物馆）	
7		
	明正德青花缠枝莲纹三足炉（中国国家博物馆）	
8		
	明正德青花穿花龙纹盘（中国国家博物馆）	

二、明代瓷器缠枝莲花纹之花冠

明代瓷器缠枝莲花纹的花冠，表现形式多样（表2）。总体来说，大部分单个花瓣呈上尖下圆的形态，个别花冠的花瓣形态有所变异，与某一种花瓣如牡丹、芍药等的花瓣结合，也有涡纹，结构严谨；有的花瓣大小不一，有肥有瘦，花冠中间的小，外围的大；有的用莲花底座、石榴心的形式来表现。从绘画技法上来说，有的花瓣与花瓣之间有空白间隙;有的花瓣勾线之后再留空白轮廓线;有的采用晕染形式,层层叠染,带有潇洒随意之感;有的平涂装饰,略显拘谨……明代不同时代、不同形制瓷器的莲花纹装饰均有不同的装饰特点。

表 2　莲花纹的花冠

序号	瓷器局部	莲花纹的花冠	说明
1			明洪武青花缠枝花卉兽耳瓶局部（震旦艺术博物馆）
2			明洪武釉里红缠枝莲花纹盏托局部（中国国家博物馆）
3			明嘉靖青花缠枝莲纹罐局部（中国国家博物馆）
4			明宣德青花缠枝莲花纹盘局部（中国国家博物馆）
5			明永乐青花折枝牡丹纹折沿盘局部（中国国家博物馆）
6			明永乐青白釉暗花缠枝莲纹碗局部（中国国家博物馆）

续表 2

序号	瓷器局部	莲花纹的花冠	说明
7			明永乐青花缠枝莲纹梅瓶局部（中国国家博物馆）
8			明永乐青花折枝花果纹执壶局部（中国国家博物馆）
9			明正德青花缠枝莲纹三足炉局部（中国国家博物馆）

第三节　明代瓷器缠枝西番莲纹

元代文献中已经出现"西番莲花"的记载[1]，明代至少有十几部文献中出现"西番莲"的记载，例如吴承恩《西游记》、曹学佺《蜀中广记》、谢肇淛《滇略》等中均有讲述[2]，西番莲纹造型优美，适应性强，在明代瓷器中时有出现。除了缠枝西番莲纹之外，还有许多的组合纹样，组合纹样是符合明代装饰纹样的基本特性的。缠枝西番莲纹是明代工艺美术中常见的装饰纹样，瓷器、金属器、家具、建筑装饰等均有一定数量的应用。在明代瓷器中，主要出现在碗、盘的中心，瓶、罐的腹部，或者是开光内外，表现形式多样，甚是丰富。

一、明代瓷器缠枝西番莲纹之花形

明代瓷器上缠枝西番莲纹（表 3）的形态变化多样，根据器型的不同而灵活绘制，装饰线条流畅。西番莲纹的装饰适应性非常强，明代瓷器中，除常见的碗、盘之外，具

---

① 王怡萍.元明清官窑番莲花纹饰之研究[M].北京:社会科学文献出版社,2017:16.
② 王怡萍.元明清官窑番莲花纹饰之研究[M].北京:社会科学文献出版社,2017:17-20.

有典型伊斯兰风格的扁壶、天球瓶和抱月壶等时常出现西番莲纹的装饰。从表 3 中，我们可以看出，缠枝西番莲纹可以单独采用二方连续的形式，也可以与莲花、莲叶组成适合纹样。从西番莲纹的装饰形态来看，花瓣、叶片构成的规律性很强，构图严谨。

表 3　西番莲纹的花形

序号	瓷器图形	西番莲纹的花形
1		
	明宣德青花缠枝莲花纹盘（中国国家博物馆）	
2		
	明嘉靖青花缠枝莲纹缸（中国国家博物馆）	
3		
	明万历青花缠枝莲花双龙抢珠纹盘（台北故宫博物院）	
4		
	明万历青花缠枝莲花龙凤纹盘（台北故宫博物院）	
5		
	明嘉靖红地黄彩云龙纹罐（中国国家博物馆）	

中国瓷器缠枝纹装饰

二、明代瓷器缠枝西番莲纹之花冠

从西番莲纹的花冠（表 4）来看，大多呈对称状，有左右对称或者是旋转对称，结构严谨，工整精细。花冠中间会采用托式的组合花瓣来衬托花心，花心处的花蕊很少写实，一般采用变形莲瓣、涡旋曲线、钱纹等进行装饰。明代瓷器的西番莲纹花冠描绘中，宣德时期的莲花不同形态的花冠可以用在同一个瓷器上；正德时期的西番莲纹与动物、文字组合较为常见；嘉靖时期的西番莲纹刻画非常细腻，花冠呈对称状较多，较为端正严肃；万历时期，相比前代，画风随意、轻松一些。值得一提的是，龙泉窑、宜兴窑等采用刻、划、雕等技术制作的西番莲纹带有立体感，质感强烈，别有一番风味。

表 4 西番莲纹的花冠

序号	瓷器局部	西番莲纹的花冠	说明
1			明宣德青花缠枝莲花纹盘局部（中国国家博物馆）
2			明正德青花缠枝莲纹葫芦瓶局部（北京故宫博物院）
3			明洪武釉里红缠枝莲花纹盏托局部（中国国家博物馆）
4			明嘉靖红地黄彩云龙纹罐局部（中国国家博物馆）

续表 4

序号	瓷器局部	西番莲纹的花冠	说明
5			明嘉靖青花缠枝莲纹梅瓶局部（北京故宫博物院）
6			明万历青花加彩缠枝莲纹葫芦瓶局部（北京故宫博物院）
7			明万历青花缠枝莲纹蒜头瓶局部（北京故宫博物院）
8			明宜兴窑仿哥釉凸花缠枝莲纹梅瓶局部（北京故宫博物院）

第四节　明代瓷器缠枝牡丹纹

牡丹纹，是明代缠枝纹常见的造型之一。在明代缠枝纹瓷器装饰中，牡丹纹相比元代在数量上要减少一些，且装饰风格明显秀气，花冠、树叶均缩小一些，甚至有些牡丹纹与其他花卉一起组合出现，形态特征并不明显，较难分辨。统治阶级的喜好变化直接影响装饰风格，牡丹纹装饰整体趋向清雅秀丽。在明代，万事万物讲究吉祥，牡丹纹依旧作为富贵吉祥的象征用于装饰，但世俗化特征明显。

一、明代瓷器缠枝牡丹纹之花形

明代瓷器缠枝牡丹纹的形态（表5）始终围绕着"S"形主茎展开，花叶从主茎中生长，花冠一般被包围在枝叶中，生机勃勃，春意盎然。从瓷器上观察，碗的内外壁的腹部、瓶罐的外腹部、盒的外壁等常常会采用牡丹缠枝纹进行装饰，但与缠枝莲花纹相比，明代瓷器缠枝牡丹纹的数量要少很多，与前朝相比，数量上也减少许多。但在明代龙泉窑刻划瓷器上，常常喜欢用牡丹缠枝纹来进行装饰，刻、画效果显得花卉厚重，花冠较大，花瓣较肥厚，在透明翠釉的映衬下，显得非常生动。另外，折枝牡丹纹出现频率较高，或者与四季花卉共同进行装饰的题材比较丰富。

表5　牡丹纹的花形

序号	瓷器图形	牡丹纹的花形
1		
	明洪武釉里红缠枝花卉纹碗（中国国家博物馆）	
2		
	明洪武釉里红缠枝花卉纹碗（中国国家博物馆）	
3		
	明洪武釉里红缠枝花纹碗（北京故宫博物院）	
4		
	明永乐青花缠枝花卉纹玉壶春瓶（中国国家博物馆）	
5		
	明宣德青花缠枝牡丹纹碗（中国国家博物馆）	

续表 5

序号	瓷器图形	牡丹纹的花形
6		
	明宣德青花缠枝莲纹炉（北京故宫博物院）	
7		
	明宣德青花缠枝花纹盖罐（北京故宫博物院）	
8		
	明万历青花双龙戏珠纹委角长方盒（中国国家博物馆）	
9		
	明龙泉窑青釉凸花缠枝牡丹纹凤尾尊（北京故宫博物院）	
10		
	明龙泉窑青釉缠枝牡丹纹绣墩（北京故宫博物院）	

二、明代瓷器缠枝牡丹纹之花冠

相比前朝，明代瓷器上的牡丹纹数量下降，花冠的形态大体呈球状，但大部分都比较娇小、秀气。洪武时期的部分牡丹纹形态传承元代，到永宣时期牡丹纹形态（表6）呈多样化，有的花瓣非常多，有的就只有几个花瓣，有的花瓣边缘仍然是较为规律的小弧形，有的花瓣边缘是尖尖的小凸起。大部分花冠呈对称形，较为严谨，从上色来看，有的轮廓勾线且留白，有的层层晕染，有的平涂，整体上呈现清秀雅致的风格。

表 6　牡丹纹的花冠

序号	瓷器局部	牡丹纹的花冠	说明
1			明洪武釉里红缠枝花卉纹碗局部（中国国家博物馆）
2			明洪武釉里红缠枝花卉纹碗局部（中国国家博物馆）
3			明洪武釉里红缠枝牡丹纹玉壶春瓶局部（北京故宫博物院）
4			明洪武釉里红缠枝花纹碗局部（北京故宫博物院）
5			明永乐青花缠枝花卉纹玉壶春瓶局部（中国国家博物馆）

续表 6

序号	瓷器局部	牡丹纹的花冠	说明
6			明宣德青花缠枝牡丹纹碗局部（中国国家博物馆）
7			明宣德青花缠枝牡丹纹罐局部（北京故宫博物院）
8			明成化青花怪石牡丹纹碗局部（北京故宫博物院）
9			明天顺陶胎素三彩牡丹双龙纹双耳三兽足炉局部（北京故宫博物院）
10			明龙泉窑青釉凸花缠枝牡丹纹凤尾尊局部（北京故宫博物院）

Chapter III >>
第三章 **明代缠枝纹装饰的艺术风格**

明代，是中国瓷器的黄金时代，青花、霁红、五彩、斗彩等记载了辉煌的明代瓷器技艺，这是当时世界的瓷器艺术之顶点。明代景德镇瓷器，以青花瓷为代表，分工精细，技术上达到了新的高峰。"工匠来四方，器成天下走"①，"地上窑火映天际，渲染烟云红如晟"②。明代瓷器胎体细腻，釉色精美，彩绘精妙。明人宋应星所著《天工开物》中有记载："共计一坯工力，过手七十二，方克成器。"③近人柳诒徵先生："明代工艺之盛，有轶于前代者数事，一曰陶器，江西景德镇之瓷器，莫盛于明。"④高超的技术带来了瓷器装饰文化的大发展。明代缠枝纹装饰技法除传承前代的刻花、划花、印花等技法，更多地传承了元青花的良好技术，装饰纹样精细程度进一步提高。随着对外交流的扩大，融合伊斯兰风格而创新的扁壶、扁瓶、花浇等器物引人瞩目。明代瓷器缠枝纹装饰融合了新的艺术风格，以柔软的枝条、窈窕的姿态广泛地出现在各种类型的瓷器上。

第一节 图必有意，意必吉祥

明代，是中国缠枝纹大发展时期。从统治阶级到平民百姓，都非常重视"万事吉祥"，体现在纹样装饰中就是"图必有意，意必吉祥"。明代缠枝纹传承题材，延续传统寓意。人们绝不仅仅因为美的造型、美的构图、美的色彩等美的元素才广泛地接受、真正地接纳如此之类的纹样表达，而是一种发自内心、根深蒂固的传统文

---

① 田自秉.中国工艺美术史[M].上海：东方出版中心，2009：359.
② （英）威廉·科斯莫·蒙克豪斯，（英）卜士.中国瓷器史[M].邓宏春，译.北京：华文出版社，2021：55.
③ 中国硅酸盐学会.中国陶瓷史[M].北京：文物出版社，2009：359.
④ 柳诒徵.中国文化史（下）[M].北京：北京师范大学出版社，2016：640.

化传承思想。众所周知，文化内涵和文化意义等必须依附于具体的事物或者行为，这也就意味着中国的吉祥文化传统、明代百姓渴望幸福美好生活的吉祥愿望必须通过一定的中介物而得到表达。由此明代缠枝纹艺术形式所表达的不仅仅是一种装饰技术，更是人们的一种生活理想。明代工艺美术大发展，为这种生活理想提供了物质条件和技术基础。随着经济的发展，对外文化交流增多，明代缠枝纹的吉祥题材和象征意义得到进一步发展。从题材上来说，前文中已经介绍了缠枝连纹、缠枝牡丹、缠枝菊花纹、缠枝芙蓉纹等，在本节将进行灵芝纹、云鹤纹、松竹梅、蕉叶纹等装饰题材的介绍。

一、灵芝纹

灵芝纹很早就作为工艺美术中的装饰物了，有富贵吉祥、祥瑞长寿之意，在瓷器、织物、木雕、建筑装饰上均有应用。古代百姓视灵芝为仙草，《史记》中记载，秦始皇因为热衷不老之术，曾派遣方士前往东莱山仙岛搜寻灵芝[1]。许慎的《说文解字》、王充的《论衡》均对灵芝"仙草"有说明。古人认为仙山能孕育灵芝，灵芝蕴含大地的能量，有助于延年益寿。灵芝具有仙草的概念，外加统治阶级信奉道教，灵芝纹样在官窑和民窑中有着丰富的表现。明代瓷器装饰上的灵芝表现形态多样，有折枝纹、缠枝纹，有用二方连续、四方连续，也有单独纹样、适合纹样。例如《明永乐青花灵芝纹碗》（图3-1）、《明成化斗彩灵芝盖罐》（图3-2）、《明嘉靖青花灵芝纹碗》（图3-3），均饰有缠枝灵芝纹，描绘细腻，勾线有力，晕染层次分明，显得精致秀气。《明嘉靖鲜红釉灵芝式洗》（图3-4）直接采用灵芝的形态做了仿生造型，用色大胆，颇为稀奇。

图3-1　明永乐青花灵芝纹碗
（北京故宫博物院）

图3-2　明成化斗彩灵芝盖罐
（台北故宫博物院）

① （汉）司马迁.史记[M].北京：中华书局,1963:251-257.

图3-3　明嘉靖青花灵芝纹碗
（北京故宫博物院）

图3-4　明嘉靖鲜红釉灵芝式洗
（北京故宫博物院）

二、云鹤纹

云，自古以来就作为象征吉祥的装饰。云纹是以自然界的云作为仿生对象，进行描绘概括的纹样。鹤，清雅，高洁，一是用来表达长寿吉祥，古诗中有"鹤寿千年也来神"的诗句。二是用来比喻清廉高洁，有仙风道骨之形，亦有翩翩君子之质。宋神宗曾为铁面御史赵抃的清廉高洁、为政勤勉，颁诏天下郡守以其为楷模。赵抃有"一琴一鹤"相随，后常用一琴一鹤寓意清廉高洁。三是，鹤与云一样，有吉瑞之意。宋徽宗曾作《瑞鹤图》，营造了仙界之境。西汉《淮南子·说林训》记："鹤寿千岁，以极其游。"[1]明代《相鹤决》中有言，"……不食烟火人，可谓之鹤"。唐时，云鹤纹已经作为一种常见组合出现，越窑青瓷上就有类似装饰。明时，云和鹤的组合在瓷器装饰中较为常见。从北京故宫博物院藏品来看，云鹤纹在明代嘉靖、万历瓷器中应用最多，这应与明代皇帝信奉道教有很大关系（图3-5至图3-7）。仙鹤与道教关系密切，仙鹤被认为是仙人的化身，"羽客""羽士""鹤氅""禹步""羽化""驾鹤西去"等大量元素与道教文化不可分割。

图3-5　明嘉靖青花云鹤纹盘
（中国国家博物馆）

图3-6　明嘉靖五彩云鹤八吉祥图罐（北京故宫博物院）

图3-7　明万历青花云鹤纹出戟花觚（北京故宫博物院）

① 中国国家博物馆.中国国家博物馆馆藏文物研究丛书·瓷器卷(明)[M].上海：上海古籍出版社，2007：149

三、松竹梅

松竹梅，又称"岁寒三友"，传说因苏轼"风泉两部乐，松竹三益友"而得名。孔子在《论语·子罕》中有言，"岁寒，然后知松柏之后凋也"。梅，王安石有诗"墙角数枝梅，凌寒独自开"。竹，郑燮有诗"咬定青山不放松，立根原在破岩中"。松竹梅在寒冬时节依然拥有顽强的生命力，不畏险峻，傲然峭壁，既蕴含着玉洁冰清、傲立霜雪的高尚品格，又具有常青不老、旺盛的生命力。人们常用来比喻高尚的人格，也比喻忠贞的友谊或者情感。在象征中，松竹梅已经超越了植物的本身，成了人们心灵的寄托和百折不挠的象征。随着工艺美术品装饰范围的扩大，松竹梅岁寒三友已经成为雅俗共赏的吉祥图案，走进千家万户。元时，岁寒三友图已经出现。明时，松竹梅图案应用广泛，碗、盘、瓶、罐、香炉等瓷器中均有装饰。例如《明洪武青花松竹梅图香炉》（图3-8），遍体描绘青花，腹部装饰松竹梅纹，绘画精致细腻，梅、松的老枝苍劲有力，梅花朵朵，竹叶苍翠，显得精神抖擞。《明洪武釉里红松竹梅图玉壶春瓶》（图3-9）、《明宣德青花松竹梅图盘》（图3-10）的装饰纹样均体现了"岁寒三友"的常青不老、旺盛的生命力。《明万历青花"福""寿"字松竹梅图罐》（图3-11）的装饰纹样将"岁寒三友"和文字"福""寿"组合在一起，寓意着福气绵延、寿比松龄。

图3-8 明洪武青花松竹梅图香炉
（北京故宫博物院）

图3-9 明洪武釉里红松竹梅图玉壶春瓶
（北京故宫博物院）

图3-10 明宣德青花松竹梅图盘
（北京故宫博物院）

图3-11 明万历青花"福""寿"字
松竹梅图罐（北京故宫博物院）

四、蕉叶纹

芭蕉别名绿天、扇仙，绿荫如盖，扶疏可爱，古时候人们就认为它适合种植于庭中、窗前或墙隅。《群芳谱》中更有说道："为窗左右，不可无此君。"李渔的《闲情偶寄》中有道："蕉能韵人而免于俗。"大意是芭蕉的韵味能够陶冶人们的情操，使人们避免世俗之气。历代文人们喜欢蕉叶纹，常常用来作画和装饰。蕉叶纹指以芭蕉叶组成的二方连续带状纹饰，规律性、装饰性强，线条简洁规整，主要以划花为表现手法。我国古代工艺美术中，蕉叶纹最早出现在商代晚期的青铜器上。此时的图像不能简单地看作是一种蕉叶，从严格意义上来说是兽体的变形纹。宋代时，蕉叶纹已经用在瓷器装饰上，元明清时代使用范围进一步扩大。一般来说，蕉叶纹主要装饰瓷器的颈部或器物下腹，有单层和双层两种。蕉叶纹作为一种瓷器装饰图案，也有着其独特美好的寓意。如芭蕉叶大，"大叶"与"大业"谐音，寓意大业有成；芭蕉的果实紧挂在一起，寓意团结、友谊的象征；芭蕉具有冬死春又复生的特点，也可以被看作起死回生的象征。《明宣德青花缠枝蕉叶纹渣斗》（图 3-12）、《明宣德青花海水蕉叶纹尊》（图 3-13）的颈部均装饰有双层排列、秩序井然的蕉叶纹，每一片蕉叶中间最粗的茎用留白表现，粗茎两边的小叶脉用细线勾画，叶片从里到外由浓至淡进行晕染，很是精致。《明永乐青花竹石芭蕉图碗》（图 3-14）的蕉叶是与竹、石在一起，描绘成庭院小景，画风疏朗，寓意吉祥。

图 3-12　明宣德青花缠枝蕉叶纹渣斗（北京故宫博物院）　　图 3-13　明宣德青花海水蕉叶纹尊（北京故宫博物院）　　图 3-14　明永乐青花竹石芭蕉图碗（北京故宫博物院）

明代瓷器吉祥装饰纹样非常丰富，这里仅仅列举了一些常见的吉祥纹样。明代瓷器中火珠纹、八吉祥、变形莲瓣纹、波涛纹、钱纹、回纹等出现的频率也非常高，这是明代吉祥文化的重要组成部分。这些吉祥文化充分地表达了人们的精神追求和生活理想，从个体平安健康到家族子孙兴旺，从今时的吉祥安康到世代的幸福久长，人们总是在生活中不断地追求更美好的生活，才使得瓷器的装饰语言丰富多样。

第二节　元素多样,图文融合

　　缠枝纹是明代最流行的装饰艺术形式之一，其丰富多样的花叶组合形式和丰富的寓意，为百姓所追求的吉祥文化提供了最佳的载体。这里有象征富贵的牡丹，象征吉祥平安的莲花，象征多子、丰产的石榴，象征长寿延年的灵芝等，不同的植物题材具有不同的寓意，而多种题材在缠枝纹骨架结构中的交互组合，更丰富和扩展了缠枝纹艺术符号的所指范围。人类社会所使用的种种符号可以认为是人类心理深处潜意识的"密码"，而在生活中，人们往往毫无意识地在这些密码中加入各种类别的"信息"①。明代的瓷器装饰艺术始终围绕着"吉祥"，明代瓷器缠枝纹更是吉祥文化的理想承载体，这是由明代社会的生活理想所决定的，人们追求美好，享受世俗文化，明代的社会环境和生活内容孕育了缠枝纹文化。

一、元素多样

　　明代商品经济逐渐走向繁荣，等级秩序逐渐弱化，装饰艺术服务对象不断扩大。明代已经为充满世俗文化的缠枝纹装饰艺术提供了充分的社会需求基础和精神支撑。首先，装饰艺术所服务的社会群体逐渐扩大，处于社会中下层的广大市民阶级，逐渐成了瓷器商品的消费者，装饰文化不断发展。其次，在社会流行文化和大众心理需求的影响下，各类装饰艺术也开始遵循适者生存的淘汰法则。缠枝纹"S"形结构灵活，主茎、副茎、叶片、花冠可以灵活搭配，花冠母题也可以灵活更换，它的表现形式能适应不同社会阶层的欣赏水平，将人们对吉祥寓意的心理需求展露无遗。再者，普通百姓表达情感的方式较为质朴、通俗，缠枝纹的多样化组合使得他们能够在普通平常的事物中找到情感寄托。他们的情感表达方式是通俗而质朴的。在日常平凡的生活中，表达了人们对连绵源长、幸福久远生活的渴望。这种通俗易懂、一目了然的形式极大地迎合了市民阶层的审美需求。

　　在缠枝纹装饰中，主题纹样往往是由多种纹样组成的：有的是植物花卉组合，集合了一年四季多样花卉，这是典型的组合形态，例如北京故宫博物院收藏的《明宣德青花四季花卉纹碗》（图 3-15）。有的缠枝花卉与龙、凤凰、马等动物组合，例如《明万历青花龙马纹高足碗》（图 3-16）。有的缠枝纹骨骼与吉祥字组合，例如《明万历青花团寿字罐》（图 3-17），缠枝纹与寿字纹组合，寿字体现长寿，表达了明人健康长寿

---

　　①　乌丙安.走进民族的象征世界——民俗符号论[J].江苏社会科学,2000(03):41.

的生活理想。莲花纹与八吉祥的组合比较常见，明成化高足杯上有较多这样的图案。明代的此类纹样排列比较整齐，每一朵莲花托举着佛教八宝法器纹样，是趋吉避凶、吉祥无边的象征，例如，北京故宫博物院收藏的《明正德青花折枝莲八吉祥纹碗》（图3-18）。莲花本是佛家之物，可化解劫难，承接吉祥，出淤泥而不染，表达着平安如意的生活理想与高洁不俗的思想追求。佛教八宝，有化解灾难之寓意，作为装饰纹样寄托了平安吉祥的生活理想。明代缠枝纹，装饰元素多样，杂糅交错，是明代"图必有意，意必吉祥"的主体物。

图 3-15　明宣德青花四季花卉纹碗
（北京故宫博物院）

图 3-16　明万历青花龙马纹高足碗
（北京故宫博物院）

图 3-17　明万历青花团寿字罐
（北京故宫博物院）

图 3-18　明正德青花折枝莲八吉祥纹碗
（北京故宫博物院）

二、图文融合

早在唐代长沙窑，文字就已经用来装饰瓷器。明永乐时期，阿拉伯文、藏文、梵文等在瓷器装饰中也常常使用，汉字较少，绝大部分是异域文字。宣德时期，异域文字装饰依然流行。正德时期，在青花瓷器碗、盘、罐、香炉、插屏、烛台、笔山、盖盒等上均发现有阿拉伯文字、波斯文装饰（图3-19、图3-20）。明朝中后期，瓷器上的汉字纹饰开始增加。明嘉靖、万历时期汉字装饰的最主要目的是"寓意吉祥"，有"福""禄""寿""国泰民安""五谷丰登"等，表达了对美好生活的愿望（图3-21至图3-23）。

图 3-19　明正德青花笔架山(首都博物馆)

图 3-20　明正德青花缠枝莲托
阿拉伯文碗(北京故宫博物院)

图 3-21　明万历青花福寿
康宁字碗(北京故宫博物院)

图 3-22　明万历青花寿字碗
(北京故宫博物院)

图 3-23　明嘉靖青花"国泰民安"
云鹤纹葫芦瓶(北京故宫博物院)

第三节　世俗文化,异域风情

　　明代初期,统治阶级在政治上大力强化中央集权的封建专制统治,制定了适当宽松的农业、手工业政策,因此商品经济开始活跃,进而工艺美术门类和技术得到了发展和提升。世俗文化开始渐入社会主流思想,商业贸易刺激而生的对金钱和物欲的追逐淡化了对风雅精神文化的渴求,专供少数文人、士大夫品味的高远、优卓的雅文化逐渐被真实、生动,充满人间真情和生活趣味的世俗文化所取代。缠枝纹的装饰逐步从高冷的高雅艺术转向了大众百姓的世俗文化,缠枝纹装饰艺术所服务的社会群体逐渐扩大,处于社会中下层的广大市民阶级已经拥有了一定的经济能力,并开始成为不可忽视的消费群体。中外文化交流逐渐频繁,瓷器贸易需求不断增加,外来艺术影响着明代瓷器的形制、装饰、色彩等。

一、世俗文化

　　世俗文化,说得通俗一点,就是大众文化,是老百姓喜闻乐见的文化。在社会流行文化和大众心理需求的影响下，明代的装饰艺术趋向世俗化。缠枝纹的骨骼形式变化灵活，寓意着吉祥祝福的装饰母题多种多样且可以灵活更换，这不仅是统治阶级乐于见到的，而且受到了广大百姓的支持和欢迎。

图 3-24 明宣德青花牵牛花纹四方委角瓶（北京故宫博物院）

在缠枝纹装饰花卉主题方面，题材也进一步扩大，向世俗花卉靠拢，例如《明宣德青花牵牛花纹四方委角瓶》（图 3-24）中绘制的牵牛花就是一种草本植物花卉，是一种普通的缠绕植物。《明嘉靖青花松竹梅纹盘》（图 3-25）的盘内中心绘制了圆形的鸡冠花适合纹样，共有两枝七朵鸡冠花，花冠、叶片描绘尤为细腻精致。果实代表着丰收，明代瓷器中的果实纹装饰非常丰富，有葡萄、荔枝、枇杷、石榴、桃子等。例如，《明万历青花花果纹碗》（图 3-26）的外壁绘制了折枝石榴，石榴裂开了嘴，露出了一粒粒的果实，代表着丰收。石榴多子，古时人们认为是多子多孙的象征。《明万历青花地拔白折枝花果纹盘》（图 3-27）内壁描绘了八组折枝果实纹，果实丰硕，绘画细腻，寓意万物丰收。

图 3-25 明嘉靖青花松竹梅纹盘（中国国家博物馆）　　图 3-26 明万历青花花果纹碗（北京故宫博物院）　　图 3-27 明万历青花地拔白折枝花果纹盘（北京故宫博物院）

二、异域风情

在明代缠枝纹的演进过程中，异域文化的影响也是非常明显的。在商品经济的推动下，各地贸易来往逐步扩大，从内地到边疆乃至西域都进入了经济、文化的交流和碰撞时期，在新的市场需求背景下，明代瓷器装饰融入了异域装饰元素，其中表现最突出的是缠枝纹样与伊斯兰装饰风格的融合以及与佛教装饰元素的结合，例如异域的文字、异域的几何纹样、异域的花草树木等。自元代开始，阿拉伯—伊斯兰地区就一直是中国对西域国家的主要贸易往来对象，明永乐、宣德时期，郑和七下西洋（指西太平洋和印度洋一带），促进了明朝的对外交流，促进了我国工艺美术的不断发展。明代的瓷器大量出口，这些产品必须符合出口国的国情，伊斯兰地区繁密的植物花卉装饰母题、阿拉伯地区精密的几何图像成为重要的装饰内容之一，缠枝纹装饰恰恰成了这种形式的载体，将这些异域文化融合、沉浸在中国本土的装饰艺术中，因此这种中西交融的装饰风格影响下的瓷器成为最常见的贸易产品。

　　受到西亚传来的金属器皿影响的瓷器装饰是中西文化融合的证明。例如《明宣德青花缠枝花卉纹双系带盖扁壶》（图3-28），在纹样的空间布置上体现了中西交融，扁壶由于受西亚金银器原形装饰影响，加上某些造型本身的形状所限，装饰纹样不再以环带状绕器物一周，而是在壶正面以二方连续环绕装饰，中心饰以圆形适合纹样，在扁壶的壶盖、壶口颈部以及壶肩延伸区域仍以二方连续环带状装饰。《明青花缠枝花纹花浇》（图3-29）的造型仿自西亚黄铜壶。此外，把壶、花浇类带有手柄造型的区域也会施以装饰。总之，根据器物造型的具体情况，纹样大多以二方连续和四方连续适合纹样的形式在器物表面辅以装饰。《明宣德青花轮花纹绶带耳葫芦》（图3-30）的腹部装饰有青花花轮，其形态造型来源于阿拉伯花纹。

图 3-28　明宣德青花缠枝花卉纹双系带盖扁壶（北京故宫博物院）　图 3-29　明青花缠枝花纹花浇（北京故宫博物院）　图 3-30　明宣德青花轮花纹绶带耳葫芦（中国国家博物馆）

　　中国缠枝纹在明代获得了极大的发展，缠枝纹满密轻盈的构成形式、丰富多样的主题装饰、吉祥世俗的寓意文化，是明代社会环境和生活内容的缩影，直观地反映了人们当时的生活情境和生活观念。吴仁敬、辛安潮著《中国陶瓷史》曾评论说，明人对于瓷业，无论在意匠上、形式上，其技术均渐臻完成之顶点。而永乐以降，波斯、阿拉伯艺术东渐，与我国原有艺术相融合，在瓷业上，发生一种异样之精彩[1]。明代瓷器缠枝纹在不断的发展过程中，一方面满足了本土百姓追求事事吉祥的世俗文化需求，另外一方面受外来艺术风格的影响而走向了多样化、综合化的艺术风格。

① 　万明.明代青花瓷崛起的轨迹——从文明交融走向社会时尚[J].故宫博物院院刊,2008(06):22-42.

第四章 明代瓷器缠枝纹装饰鉴赏

1. 明洪武　青花龙凤纹三足炉[①]

　　明洪武青花龙凤纹三足炉,炉为鼎式,唇口微卷,直口至颈部,颈部向里收缩,肩颈部两侧装饰有一对朝天耳。圆肩微斜向下,腹部鼓起,腿部为三组兽腿形。该三足炉釉质肥润,釉色微黄,胎体厚重,有窑裂现象,表面装饰有青花,发色灰暗,厚重处有结晶,口沿部装饰有缠枝灵芝纹,耳部装饰有缠枝莲和卷草纹,颈部为二方连续钱币纹,腹部装饰有腾云驾雾的"龙凤呈祥",腿部是兽面纹。纹样细腻生动,笔触遒劲,是明代早期精品之作。

　　现收藏于中国国家博物馆。

---

① 中国国家博物馆.中国国家博物馆馆藏文物研究丛书·瓷器卷(明)[M].上海:上海古籍出版社,2007:20.

2.明洪武　青花折枝牡丹纹花口盘^①

　　明洪武青花折枝牡丹纹花口盘，折沿盘，口沿处轮廓为花瓣形态，弧壁较浅，有圈足。青花装饰纹样呈现灰蓝色，有三层，最中心是折枝牡丹纹，基本呈对称状，枝叶繁茂。第二层是折枝莲花纹，布满一圈。口沿处为二方连续海水纹，浪花朵朵，描绘细腻。

　　现收藏于中国国家博物馆。

① 中国国家博物馆.中国国家博物馆馆藏文物研究丛书·瓷器卷(明)[M].上海:上海古籍出版社,2007:23.

3.明洪武　釉里红缠枝菊花纹玉壶春瓶①

　　明洪武釉里红缠枝菊花纹玉壶春瓶，撇口，颈部较细长，肩部下溜至腹部，垂圆腹，有圈足。该瓶形制典雅，通体装饰釉里红，装饰满密，画工细腻，颇有特色。口沿处装饰有缠枝卷草纹，颈部从上到下依次装饰有蕉叶纹、回纹、水纹，肩部装饰有如意云间纹，腹部为缠枝菊花纹，花瓣呈中心发射状涡形排列，腹部下面为变形莲瓣纹，足部为缠枝卷草纹。

　　釉里红，又称釉下彩，元时在景德镇创烧。其工艺为先施彩釉（含铜元素的彩料），再上透明釉料，最后在高温还原焰中烧成，纹饰呈现红色。明洪武釉里红瓷器装饰以植物装饰题材为主，题材非常丰富，相比前朝更甚。这一方面延续了元朝的植物装饰传统，另一方面也反映了统治阶层和民间百姓的喜好。

　　现收藏于中国国家博物馆。

---

①　中国国家博物馆.中国国家博物馆馆藏文物研究丛书·瓷器卷(明)[M].上海:上海古籍出版社，2007:24.

4.明洪武　釉里红牡丹纹折沿盘[①]

　　明洪武釉里红牡丹纹折沿盘，折沿，弧壁较浅，平底，有圈足。该盘通体内外装饰釉里红纹样，纹饰满密，画工精致。盘子内壁装饰分成三层，盘中心为折枝牡丹纹，花冠处勾线留白进行花瓣的区分。第二层为弧壁上的折枝菊花纹绕环壁一周，构图较为紧凑。花芯处采用交叉线表示花蕊，花冠由两层椭圆形花瓣组成，枝叶仿生感强，颇为生动。第三层为口沿处二方连续卷草纹。从外壁来说，也分为两层，盘壁装饰缠枝菊花纹，近足处绘一圈变形莲瓣纹。

　　现收藏于中国国家博物馆。

① 　中国国家博物馆.中国国家博物馆馆藏文物研究丛书·瓷器卷(明)[M].上海：上海古籍出版社，
　　2007：26-27.

5.明洪武　釉里红缠枝莲花纹盏托①

　　明洪武釉里红缠枝莲花纹盏托，折沿，弧壁，腹部较浅，平底，有圈足。该盏托内外装饰釉里红，纹饰精美，画工细腻。盏托内壁装饰为三层，中心为菊花纹圆形适合纹样，第二层为缠枝莲花纹，花瓣间有勾线留白，茎叶有飘动感。第二层至第三层之间空白一圈，颇有艺术留白之感，第三层为口沿处缠枝卷草纹。盏托的外壁装饰有红色的变形莲瓣纹，刻画较细腻。

　　现收藏于中国国家博物馆。

①　中国国家博物馆.中国国家博物馆馆藏文物研究丛书·瓷器卷(明)[M].上海：上海古籍出版社，
　　2007:28.

6.明洪武　釉里红缠枝月季纹盏托①

　　明洪武釉里红缠枝月季纹盏托，折沿，弧壁较浅，平底，有圈足。该盏托瓷质细腻，釉色莹润，通体装饰釉里红，内壁装饰三层纹样，中心为一束小型莲纹，与元朝相比简洁一些。第二层为缠枝月季花纹（花形类似鸡冠花，在这里与中国国家博物馆称呼一致），花瓣层叠，叶片柔软带尖。第三层为折沿处二方连续回纹。盏托外壁装饰有变形莲瓣纹。

　　现收藏于中国国家博物馆。

① 中国国家博物馆.中国国家博物馆馆藏文物研究丛书·瓷器卷(明)[M].上海：上海古籍出版社，2007：30.

7.明洪武 釉里红缠枝花卉纹碗①

明洪武釉里红缠枝花卉纹碗，碗侈口，深弧壁，有圈足。该碗体型较大，造型非常规整，内外均有釉里红装饰，发色偏红灰，纹饰满密。内壁纹饰可分成四层，中心为一组折枝牡丹纹，由中心向外第二层为一圈二方连续回形纹，第三层为弧壁上的缠枝菊花纹，菊花描绘细腻，花瓣层层围绕花心，枝条柔软呈 C 形半包围花朵，动态优美。碗外壁四层纹样分别是口沿处的水波纹、弧壁的缠枝牡丹纹、变形莲瓣纹、圈足上的二方连续回形纹。该碗属明初釉里红精品之作。

现收藏于中国国家博物馆。

① 中国国家博物馆.中国国家博物馆馆藏文物研究丛书·瓷器卷(明)[M].上海:上海古籍出版社，2007:31.

8.明洪武　釉里红缠枝花卉纹碗^①

　　明洪武釉里红缠枝花卉纹碗，口沿处微微外撇，弧壁较深，有圈足。该碗较小，造型比较敦厚，其外表已经有龟裂，装饰釉里红，有些偏灰。碗内壁装饰有折枝牡丹纹、缠枝菊花纹、回形纹。外壁口沿处、圈足各装饰一圈二方连续回纹，中间腹部装饰有缠枝牡丹纹，牡丹花瓣双层勾线，手绘痕迹明显。

　　现收藏于中国国家博物馆。

———————————

①　中国国家博物馆.中国国家博物馆馆藏文物研究丛书·瓷器卷(明)[M].上海：上海古籍出版社，2007：32-33.

9.明洪武　青花牡丹缠枝把壶①

　　明洪武青花牡丹缠枝把壶，撇口，唇口较厚，颈部较细，斜肩至垂腹，下腹收拢至足部，足部外撇。壶有长流口和柄，流和颈部有云形纽带相连，永乐时期大部分流口壶为此类造型。该壶身遍体布满青花装饰，纹饰描绘细腻，枝条纤细柔软，叶片娇小扭动，秀丽中带有端庄之感。

　　现收藏于震旦艺术博物馆。

---

①　震旦文教基金会编辑委员会.青花瓷鉴赏[M].台北:财团法人震旦文教基金会,2008:81.

10.明洪武　青花缠枝花卉兽耳瓶^①

　　明洪武青花缠枝花卉兽耳瓶，盘口，颈部较细，削肩，垂腹，有圈足。颈、肩之间有兽耳，耳下部套固定圆环，不能活动。该兽耳瓶胎体细腻，纹饰满密，青花呈色偏青灰。从口部至足部，装饰有回纹、蕉叶纹、莲花纹、缠枝牡丹纹、变形莲瓣纹、卷草纹。兽耳上有兽头、卷草纹，环形有圈纹。

　　现收藏于震旦艺术博物馆。

①　震旦文教基金会编辑委员会.青花瓷鉴赏[M].台北:财团法人震旦文教基金会,2008:81.

11. 明洪武　青花花卉纹执壶①

明洪武青花花卉纹
执壶，有盖，有流，有
柄。从形制上来说，壶
扣微微外撇，颈部较细
长，斜肩往下至鼓腹，圈
足外撇。盖有圆形穿绳
钮，表面绘缠枝花纹。该
执壶的一侧设计了长流
口，流的上部与颈部有
云形纽带相连接。另一
侧置曲柄，连于颈、腹
之间。该执壶全身装饰
有青花，盖面装饰有折
枝花卉纹，壶的口沿下
面装饰有二方连续回纹，
颈部自上而下依次为蕉
叶纹、回纹、缠枝灵芝
纹、如意云头纹。壶的
腹部装饰有菊花纹、山
茶花纹，描绘细腻，晕
染层次丰富。腹下部近
足处描绘变形莲瓣纹，内
有如意云纹，圈足上描
绘二方连续卷草纹。

　　现收藏于北京故宫
博物院。

①　故宫博物院.故宫陶瓷图典［M］.北京:紫禁城出版社,2010:109.

12.明洪武　釉里红四季花卉纹石榴式尊[①]

　　明洪武釉里红四季花卉纹石榴式尊，通体起瓜棱，撇口，短颈，丰肩，鼓腹，至胫部收缩再外撇，有圈足。石榴式尊，形体高大粗犷，釉里红发色略显灰暗，纹饰布局繁密，层次清晰，但主题纹饰四季花卉的描绘却细腻生动，颇有韵味。外表共有十层装饰，撇口外沿近口沿处绘制二方连续回纹，颈部装饰如意云头纹。肩部纹样有变形莲瓣纹，内含折枝莲花纹，还有云纹、如意云肩纹。十二组如意云肩纹内绘制折枝莲花纹。该尊的鼓腹描绘了十二组四季花卉纹与湖石的组合，牡丹、百合、芍药等竞相开放，有吉祥美满之意。下腹装饰变形莲瓣纹，内里装饰菊花纹。胫部绘回纹。近足处又绘制了变形莲瓣纹，内里描绘了折枝莲纹。圈足绘卷草纹。

　　现收藏于北京故宫博物院。

①　故宫博物院.故宫陶瓷图典[M].北京:紫禁城出版社,2010:112.

13.明洪武　釉里红松竹梅纹玉壶春瓶①

　　明洪武釉里红松竹梅纹玉壶春瓶，瓶口外撇，颈部较细，垂腹鼓起，下腹部收拢至圈足，圈足微微外撇。该玉壶春瓶造型典雅，呈色较纯，纹饰细腻生动，通体为釉里红纹饰，是明初釉里红之佳作。口沿内有缠枝卷草纹一圈，颈部装饰有蕉叶纹、海水纹、卷草纹，腹部画了一幅非常优美的松竹梅，另有山石、芭蕉、灵芝相衬，描绘细腻。下腹部绘制有变形莲瓣纹，内装饰有卷云纹，圈足装饰有缠枝卷草纹。该瓶腹部装饰的松竹梅图与当时纸上绘画的效果非常接近，这说明了当时釉里红技法的逐步成熟。

　　现收藏于北京故宫博物院。

---

①　故宫博物院.故宫陶瓷图典[M].北京:紫禁城出版社,2010:113.

14.明永乐　青花缠枝花卉纹玉壶春瓶①

　　明永乐青花缠枝花卉纹玉壶春瓶，造型端庄，亭亭玉立，口沿外敞，颈部较细，溜肩下垂至腹部鼓起，有圈足。该瓶胎体较为细腻，釉色莹润有光泽，通体装饰有青花纹，共有五层。第一层颈部有如意云头纹，内有折枝花。第二层为一圈回形纹。第三层为缠枝忍冬纹，刻画细腻，线条挺拔。第四层为缠枝牡丹纹，牡丹花冠较大，花瓣层叠，花蕾含苞欲放，叶片有脉络，装饰韵味浓厚。第五层下腹部为两层如意云头纹。圈足有弦纹一圈。

　　现收藏于中国国家博物馆。

①　中国国家博物馆.中国国家博物馆馆藏文物研究丛书·瓷器卷(明)[M].上海:上海古籍出版社，2007:37.

15.明永乐　青花折枝牡丹纹折沿盘[①]

明永乐青花折枝牡丹纹折沿盘，折沿，弧壁较浅，底部较平，有圈足。该盘胎体较薄，胎质细腻，釉色白润，青花分层装饰，用弦纹隔开。盘内中心装饰折枝牡丹纹，花冠较大较圆，花瓣分层晕染，有柔和饱满之感。内弧壁上有缠枝莲花纹一圈，莲花双层勾线，晕染明显，枝茎细腻挺拔。折沿处装饰有八组不同母题的花果折枝纹，描绘细腻生动，似乎能看见花果上的自然斑痕。外壁装饰有缠枝莲花纹、弦纹。该盘的装饰精致，画工精湛，线条流畅，是永乐的精品。

现收藏于中国国家博物馆。

① 中国国家博物馆.中国国家博物馆馆藏文物研究丛书·瓷器卷(明)[M].上海:上海古籍出版社，2007:42-43.

16.明永乐　青花缠枝花卉纹折沿盘[①]

明永乐青花缠枝花卉纹折沿盘，口沿外折，弧壁较浅，平底，有圈足。盘身细腻洁白，装饰有分层青花纹饰，较为满密。口沿处为波涛海水纹，描绘一丝一丝水纹，非常清晰。内弧壁装饰有一圈缠枝花卉纹，花卉母题有菊花、牡丹、莲花等，枝叶较细，具有柔软感。盘中心为缠绕的花卉适合纹样，花卉叶片采用晕染技法，青花浓郁处有铁锈斑。此种器形仿制伊斯兰铜质盘，纹饰的缠绕风格也与伊斯兰植物装饰风格保持大体相同。

现收藏于中国国家博物馆。

① 中国国家博物馆.中国国家博物馆馆藏文物研究丛书·瓷器卷(明)[M].上海:上海古籍出版社，2007:44-45.

17.明永乐　青花缠枝花卉纹花口盘[①]

　　明永乐青花缠枝花卉纹花口盘，口沿处外折，弧壁，浅腹，有圈足。青花纹饰满密，内里共分三层，盘中心为缠枝花卉纹适合纹样，花大叶小，茎叶柔软飘逸。第二层装饰有各种花卉单独纹样，共有十二朵，每朵花的细细的茎叶都围成了小圈，与中间的缠枝花卉纹形成呼应。第三层为口沿处的海水纹。盘外侧面装饰有弦纹和单独花卉母题纹样。该盘瓷质细腻，胎质洁白，纹样布局疏朗，描绘细腻，青花发色浓郁，花瓣、叶片有层次感，极具秀气灵动之感。

　　现收藏于中国国家博物馆。

①　中国国家博物馆.中国国家博物馆馆藏文物研究丛书·瓷器卷(明)[M].上海：上海古籍出版社，2007：46-47.

18.明永乐　青花缠枝花卉纹花口盘①

明永乐青花缠枝花卉纹花口盘，花瓣形折沿，花瓣形腹，有圈足。该花口盘胎质细腻，釉色肥厚莹润，微显鸭蛋青色，青花发色浓郁，略带灰色，有铁锈斑，采用进口苏麻离青料绘制。盘内外均描绘了青花纹样，口沿处有一圈二方连续缠枝灵芝纹，内外花瓣形腹壁上装饰了十二朵均匀排列的折枝花卉纹。莲花、牡丹花、菊花、牵牛花等形态各异的四季花卉竞相开放，与盘中心描绘的缠枝四季花卉纹相互呼应。该盘造型典雅，工艺精湛，画工精美，是明永乐时期景德镇生产的珍品。

现收藏于中国国家博物馆。

①　中国国家博物馆.中国国家博物馆馆藏文物研究丛书·瓷器卷(明)[M].上海:上海古籍出版社，2007:48-49.

19.明永乐　青花菊瓣纹碗[①]

　　明永乐青花菊瓣纹碗，敞口，深腹，弧壁，有圈足。该碗造型精巧端庄，瓷质细腻，胎质洁白，通体装饰青花，青花发色浓郁，有晕染现象。该碗内外壁均有装饰，碗内口沿处为海水纹，中心为折枝枇杷纹。在盘内壁腹部，缠枝花卉纹绕满碗内壁，枝条柔软，叶片灵动，勾线自然流畅。外口沿处为工整的二方连续回纹，近底处菊瓣纹以碗底为中心布满外壁，形式感强。此类以花瓣作为瓷器外壁的纹饰是明永乐、宣德时期的常用装饰。

　　现收藏于中国国家博物馆。

---

①　中国国家博物馆.中国国家博物馆馆藏文物研究丛书·瓷器卷(明)[M].上海:上海古籍出版社，2007:52-53.

20.明永乐　青白釉暗花缠枝莲纹碗①

　　明永乐青白釉暗花缠枝莲纹碗，碗口外撇，弧壁，腹部较深，有圈足。该碗胎质细薄，造型典雅，轻盈隽秀，青白釉色莹润，极具美感。碗外壁装饰有二方连续莲花纹，莲花花冠呈对称状，枝条勾双线，刻划细腻。该碗仿制宋代影青瓷、龙泉瓷的釉色。

　　青白釉又可以称为影青釉，自宋代起景德镇知名品种，一般胎体轻薄，釉色微微泛青，纹饰刻划为主，若隐若现。永乐时期，一般仿制影青瓷的釉色，不仿器物的造型。永乐时期自创的器物造型非常经典，工艺精湛，为后代称颂。清末陈浏在《陶雅》中写道："永乐窑有一种素碗，严露胎骨，以质薄如纸，内有影青雕花者为上品。"即指此类碗。

　　现收藏于中国国家博物馆。

---

① 中国国家博物馆.中国国家博物馆馆藏文物研究丛书·瓷器卷(明)[M].上海:上海古籍出版社，2007:57.

21.明永乐　龙泉窑青釉印花卉纹壮罐①

明永乐龙泉窑青釉印花卉纹壮罐，直口连颈，肩外斜至桶形腹部，折底，有圈足。该罐上下比较粗壮，因此得名"壮罐"，釉质莹润，纹饰清晰，线条流畅。器身遍体施青釉，釉色沉稳具有厚重感。罐体装饰有宝相花、缠枝莲纹、折枝花卉纹，均采用浅浮雕技法轻刻而成。永乐时期开始，有瓷器壮罐造型，在清代乾隆时期多有仿制永乐壮罐，品种有青花、斗彩、色釉瓷等。

现收藏于中国国家博物馆。

① 中国国家博物馆.中国国家博物馆馆藏文物研究丛书·瓷器卷(明)[M].上海:上海古籍出版社，2007:208.

22.明永乐　青花海水白龙纹扁壶①

　　明永乐青花海水白龙纹扁壶，口沿处微微外撇，颈部较细，两头略大，中间微收，腹部为扁圆样式，有浅圈足，为椭圆形。该扁壶遍体装饰青花，口沿下有卷草纹，颈部装饰有莲花纹，扁圆的腹部装饰有海水白龙纹，海水波涛汹涌，浪花大，龙在波涛中穿梭，显得威猛。采用青花点白龙双睛，神采奕奕，龙身体部位用刻、划的技法勾勒出轮廓的细部，别有特色。龙的装饰效果为留白，背景的波涛为青色，色彩相互映衬，效果明显。

　　现收藏于中国国家博物馆。

①　中国国家博物馆.中国国家博物馆馆藏文物研究丛书·瓷器卷(明)[M].上海：上海古籍出版社，2007：34.

23.明永乐　青花缠枝莲纹梅瓶[①]

　　明永乐青花缠枝莲纹梅瓶，小口圆唇，口沿微微外撇，短颈，丰肩，有宽圈足。此梅瓶胎质细腻洁白，器形浑厚饱满，通体用青花装饰，采用"苏麻离青"进口料，晕散自然，浓郁处有褐色的铁结晶斑点。梅瓶肩部装饰了一周卷草纹，瓶身上绘制了缠枝莲花纹，胫部绘制了各角度莲花纹一周，轮廓勾勒清晰，晕染层次丰富，描绘得细腻精致。该瓶是明永乐时期景德镇御窑厂烧制的宫廷用器，现传世的完整器物并不多见，这是非常有价值的其中之一。

　　现收藏于中国国家博物馆。

①　中国国家博物馆.中国国家博物馆馆藏文物研究丛书·瓷器卷(明)[M].上海:上海古籍出版社，
　　2007:35.

24.明永乐 青花竹石芭蕉纹梅瓶^①

　　明永乐青花竹石芭蕉纹梅瓶，有盖，口较小，颈偏短，丰肩收腹至胫部，胫部微微收缩至足部外撇。该瓶装饰有青花纹饰，发色纯正，纹饰清新明快，层次感强，具有典雅秀美的艺术韵味。青花纹饰从上至下共有七层。盖有三层，宝珠顶绘制莲花，盖顶部为变形莲瓣纹一圈，盖侧面为折枝花卉纹。瓶肩部装饰有仰覆云肩纹，内饰折枝花卉纹，云肩纹结构为一起一伏，构图颇为巧妙。腹部精细描绘了竹石芭蕉纹，刻划非常细腻，有晕有染。竹石芭蕉纹乃瓷器上常用装饰题材，元代常常出现，到了明永乐时期，更为流行。足胫部有变形莲瓣纹，内有折枝花卉纹，莲花、菊花、牡丹等呈现盛开姿态。胫下部装饰有一圈缠枝卷草纹。宋时梅瓶修长秀丽，元时厚重雄伟，明清相对丰硕矮小一些。此梅瓶体型端庄，为永乐时期标准的梅瓶形态。

　　现收藏于中国国家博物馆。

---

① 中国国家博物馆.中国国家博物馆馆藏文物研究丛书·瓷器卷（明）[M].上海：上海古籍出版社，2007：31.

25.明永乐　青花折枝花果纹执壶①

　　明永乐青花折枝花果纹执壶，壶身造型为玉壶春式，小口外撇，颈部较长，垂腹至底，有圈足。该壶有流和柄，流和颈之间有云形纽带相连，柄上有圆形孔用于穿绳，方便使用。壶体遍身装饰青花，颈上部为蕉叶纹，颈下部为莲花纹。腹部装饰有花果纹，两面均有四瓣花瓣形开光，一面装饰的是折枝枇杷果，另一面装饰的是折枝桃果纹，画工细腻，有晕染，青花浓郁处铁锈斑明显。开光外装饰有菊花纹、牡丹纹，花叶装饰较满。腹底部为变形莲瓣纹，圈足上绘制缠枝卷草纹。该造型仿照西亚地区铜壶式样，是永乐、宣德时期的典型器物，除青花外，还有白釉瓷。清乾隆时期有仿制永乐瓷质执壶，造型、纹饰比较接近。

　　现收藏于中国国家博物馆。

---

① 中国国家博物馆.中国国家博物馆馆藏文物研究丛书·瓷器卷(明)[M].上海:上海古籍出版社，
2007:38.

26.明永乐　青花折枝蜀葵纹把壶[①]

　　明永乐青花折枝蜀葵纹把壶，壶身造型为玉壶春式，小口外撇，颈部较长，垂腹至底，有圈足。该壶有流和柄，流和颈之间有云形纽带相连，柄上有圆形孔用于穿绳，方便使用。壶身装饰有青花，颈部装饰有二方连续卷叶纹，斜肩部有缠枝芍药花，腹部为蜀葵纹，对蜀葵的茎叶进行了画工的创造，叶带小刺齿。足上有二方连续变形的浪花纹，与颈部呼应。流的上面绘制缠枝纹，类似灵芝的变形纹。

　　该造型仿照西亚地区铜壶式样，是永乐、宣德时期的典型器物，除青花外，还有白釉瓷。清乾隆时期有仿制永乐瓷质执壶，造型、纹饰比较接近。

　　现收藏于震旦艺术博物馆。

---

①　震旦文教基金会编辑委员会.青花瓷鉴赏[M].台北:财团法人震旦文教基金会,2008:85.

27.明永乐　青花一把莲四季花卉纹大盘[①]

　　明永乐青花一把莲四季花卉纹大盘，盘口微侈，弧壁较浅，有矮圈足。该盘胎体微厚，瓷质细腻，釉色莹润，青花浓郁。该盘内里青花装饰分成三层，口沿处一圈为细线勾勒的缠枝卷草纹，第二圈为缠枝花卉纹，有莲花、菊花、牡丹等。盘中心是"一束莲"，莲花花瓣轮廓勾线、留白，采用晕染技法，刻划细腻生动，枝条随风舞动，虽纤细但有劲，布局相对疏朗。盘外壁也有三层装饰，第一层口沿处为二方连续卷草纹，第二层为缠枝花卉纹，与内壁装饰相呼应，近足处为二方连续回形纹。

　　一束莲，一把莲或一把莲纹，是永乐、宣德时期的常见纹样，一般装饰在盘、碗的中心处。

　　现收藏于震旦艺术博物馆。

---

①　震旦文教基金会编辑委员会.青花瓷鉴赏[M].台北:财团法人震旦文教基金会,2008:86-87.

28.明永乐　青花花卉纹八方烛台①

　　明永乐青花花卉纹八方烛台，烛台为八方式，分为上、中、下三层，上层为烛插，下层为台座，两者均为束腰八方形，中层为连柱，形状如酒盅倒扣。通体装饰青花，装饰满密。青花原料为苏麻离青料，色泽浓郁，有晕散。该烛插从上到下装饰有蕉叶纹、回纹、变形莲瓣纹。连柱饰有锦纹及缠枝花纹。台座面上装饰有海水纹、莲瓣纹，外壁装饰有八组满密的番莲花。足内施白釉。底心无釉。

　　瓷器烛台约在三国、两晋时期出现，例如三国时的羊形烛台、两晋时的骑兽人烛台等。南北朝时，莲花状烛台非常流行。隋唐时，烛台的底座开始装饰刻划的纹样。明代时，八方烛台比较流行，尤其有些烛台中层往往会设计倒置形状，颇有特色。该八方烛台应该是模仿阿拉伯铜器的造型，结构较复杂，装饰华美精致。

　　现收藏于北京故宫博物院。

---

① 故宫博物院.故宫陶瓷图典[M].北京:紫禁城出版社,2010:120.

29.明永乐　青花缠枝花纹背壶①

　　明永乐青花缠枝花纹背壶，小口，两环耳，原耳上有圆环形系，器身圆形如龟状。该背壶一面为平底，一面为圆腹鼓起，腹部中间又有圆形鼓起，造型较为少见，应该受到了西亚金属器的影响。壶口装饰有海水纹，腹部外圈为海水波涛纹，中间部分为缠枝莲花纹，最中心凸起圆面装饰有八角锦纹。壶的侧面装饰有一圈缠枝花卉纹，有牡丹、莲花、茶花等。该壶的装饰纹样描绘得细腻生动，植物的枝条虽然纤细但有力，花瓣、叶片与枝条形成对比，灵动优美。壶面中心凸起的八角装饰规律性很强，与周围的花卉枝叶形成对比。腹部外围的海水波涛纹，浪花白色朵朵，形态不一，与底部密集的蓝色圈形形成对比，呈现了生机勃勃的景象。

　　现收藏于北京故宫博物院。

---

①　故宫博物院.故宫陶瓷图典［M］.北京：紫禁城出版社,2010:122.

30.明永乐　青花锦纹绶带耳蒜头口扁壶^①

30.明永乐　青花锦纹绶带耳蒜头口扁壶[①]

　　明永乐青花锦纹绶带耳蒜头口扁壶。壶口为蒜头形状，颈部收缩为束形，腹部为扁圆形，圈足外撇略大。扁壶通体装饰青花，画工细腻，带有异域风情。壶的口、肩处装饰有对称的绶带耳，腹部的两侧装饰乳钉纹样的凸起。口外表装饰如意纹，腹部中心为六角形开光，内饰折枝莲花纹，外围均有六边形构成锦式开光，内饰各种主题的方胜、植物、海水纹样，以示吉祥。圈足有下垂如意纹和梅花纹。该扁壶主体纹饰密集，开光式密集构图，装饰风格独特，带有西亚装饰风格。

　　现收藏于北京故宫博物院。

① 　故宫博物院.故宫陶瓷图典[M].北京:紫禁城出版社,2010:123.

31.明永乐　青花缠枝牡丹纹军持①

　　明永乐青花缠枝牡丹纹军持，口沿部外撇，唇部较厚，颈部较细，垂腹鼓起，下腹部连接底座，底座为台座式托。足部内里为台阶状结构。从整体上来说，该军持上部为玉壶春瓶式样，通体装饰青花，纹样满密，口内里也有青花装饰，从外壁来说，装饰有缠枝牡丹纹、梅花、变形莲瓣纹等。壶有长流，长流上也装饰有缠枝花卉纹。

　　军持为水器，可以用来储水饮用或是净手。明永乐时期，景德镇开始创烧军持，宣德时期继续烧制。永乐的军持无款识，宣德有署年款。在北京故宫博物院所藏的清代宫廷画《乾隆皇帝鉴古图》上就有类似军持图案，一小童手执军持向乾隆皇帝的茶杯里倒茶。这说明明清时期，军持等器物有一定的使用量。

　　现收藏于北京故宫博物院。

---

①　故宫博物院.故宫陶瓷图典［M］.北京：紫禁城出版社,2010：124.

32.明永乐　青花缠枝莲纹花浇^①

　　明永乐青花缠枝莲纹花浇，直口略大，颈部较直，溜肩鼓腹，腹部较圆，足底内凹。花浇的一侧有螭龙柄，一头一尾。此花浇遍体装饰青花，色泽较浓艳，有黑色结晶斑。外口部装饰缠枝莲花纹，颈部主纹装饰为波涛海水纹，下有上下起伏的花瓣纹。腹部的主体纹样为缠枝莲花纹，花冠形态具有不同之处，有的为对称形，有的为形似雪花的六瓣花形，伸展的细枝处也装饰有较小的四瓣花卉纹。近足处装饰有变形如意头纹。此类造型风格系仿西亚黄铜壶器物。

　　现收藏于北京故宫博物院。

① 故宫博物院.故宫陶瓷图典[M].北京:紫禁城出版社,2010:126.

33.明永乐　青花折枝花纹方流水注①

　　明永乐青花折枝花纹方流水注，有盖，方唇口，长筒颈，丰肩，肩以下渐收，圈足微外撇。盖为宝珠顶，盖的四周装饰有变形莲瓣纹。长颈的一侧设计有方流，流口的剖面呈葫芦形，是一个非常有趣的设计。另一侧至肩部有耳柄，耳柄为釉下白地蓝花。流与柄以折枝花纹点缀。颈部绘缠枝牡丹纹，肩部绘莲瓣纹、缠枝花纹各一周。腹部有竖向八个开光，内绘不同主题的花卉果实，有牡丹，有莲花，有灵芝。圈足外侧绘卷草纹。圈足内施青白釉，无款识。该水注青花发色浓艳，釉色白里微微泛青，造型仿自伊斯兰地区金属器皿。

　　现收藏于北京故宫博物院。

①　故宫博物院.故宫陶瓷图典［M］.北京：紫禁城出版社，2010：127.

34.明永乐　青花茶花纹如意耳扁壶①

　　明永乐青花茶花纹如意耳扁壶，直口，细颈，腹扁而圆，椭圆的平砂底。颈与肩之间，对称设如意双耳，采用釉下白地蓝花。颈部两面绘小花，外围有卷草纹。肩部绘一圈层叠的蕉叶纹。腹部主纹为折枝茶花纹，茶花花瓣、花蕊、花叶刻划细腻，叶脉纹理明显，采用晕染技法，形象逼真。茶花娇嫩、柔媚，是吉祥、长寿、繁殖的象征，明代各类工艺美术中喜用此花来装饰。该造型仿自伊斯兰地区黄铜制品。

　　现收藏于北京故宫博物院。

① 　故宫博物院.故宫陶瓷图典［M］.北京:紫禁城出版社,2010:128.

35.明永乐　青花缠枝花纹折沿盆[①]

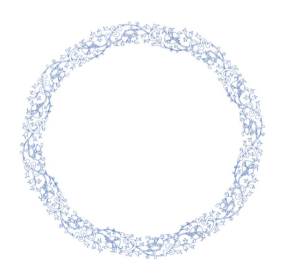

　　明永乐青花缠枝花纹折沿盆，折沿，腹垂直，平底露胎。该折沿盆瓷质细腻白皙，釉色莹润，里外装饰青花纹样，非常细腻精致。青料采用苏麻离青料，色彩浓郁，有晕散现象。该折沿盆的内口沿处装饰有一圈缠枝花卉纹，内壁装饰有一圈缠枝花卉纹，花有七朵，内底装饰有一圈回纹，以回纹为中心装饰八个变形莲瓣纹，这些莲瓣纹里装饰了暗八仙纹样。盆外口沿描绘了八朵折枝花卉，外直壁描绘七组缠枝花卉纹，近足处绘制一圈变形朵花纹。该折沿盆的形制受西亚地区金银器的影响，造型端庄，纹饰精美，是精品之作。

　　现收藏于北京故宫博物院。

---

①　故宫博物院.故宫陶瓷图典[M].北京:紫禁城出版社,2010:129.

36.明永乐　青花竹石芭蕉纹玉壶春瓶[①]

明永乐青花竹石芭蕉纹玉壶春瓶，口外撇，颈部较细，鼓腹略下垂，圈足略外撇。该玉壶春瓶造型典雅，瓷质细腻，釉色莹润，微微泛青，青花色泽浓郁，浓郁处有黑色斑点，纹样描绘细腻精致。瓶的颈部描绘了三层青花纹饰，上层为蕉叶纹，中层是缠枝花纹，下层为云头纹，近足处上仰变形蕉叶纹一周与之相呼应。腹部为江南庭院之景主题纹饰，画面构图疏朗有致，有层次感和立体感。图中山石、翠竹、蕉叶、萱草、兰花等组成了一幅优美的风景画。湖石挺拔俊秀，翠竹随风摇曳，围栏内外一片郁郁葱葱的萱草、兰花竞相开放，四季常青的芭蕉叶为画面平添了几分南国色彩。下腹近足处为变形莲瓣纹，圈足有半朵莲花纹。底足无釉无款识。

现收藏于北京故宫博物院。

① 故宫博物院.故宫陶瓷图典[M].北京:紫禁城出版社,2010:131.

37.明永乐　青花缠枝莲纹压手杯(狮球心)①

　　明永乐青花缠枝莲纹压手杯，口外撇，弧壁深腹，有圈足。该压手杯瓷质细腻，青花发色纯正，纹样描绘细腻。内外口沿有弦纹，外口沿装饰有一圈梅花纹，腹部为缠枝莲花纹。圈足有缠枝卷草纹。杯内底中心有双狮滚球纹样。

　　现收藏于北京故宫博物院。

① 故宫博物院.故宫陶瓷图典[M].北京:紫禁城出版社,2010:137.

38.明宣德　青花缠枝石榴纹贯耳瓶①

明宣德青花缠枝石榴纹贯耳瓶，唇口外凸，长颈较直，肩部丰满圆润，贯耳对称，上腹圆鼓，下腹渐收，至胫部略收，浅圈足外撇。该瓶胎质细腻，釉质透亮，白釉微微泛青，青花呈灰蓝色，晕染明显。瓶的颈部装饰有海水纹、回纹，回纹绕颈、绕耳一圈，肩部、胫部装饰有两层蕉叶纹。腹部描绘二方连续缠枝石榴纹。足部有弦纹。石榴纹寓意多子多福，明清时在瓷器装饰上颇为流行。

现收藏于中国国家博物馆。

① 中国国家博物馆.中国国家博物馆馆藏文物研究丛书·瓷器卷(明)[M].上海:上海古籍出版社，2007:63.

39.明宣德　青花缠枝花卉纹豆①

　　明宣德青花缠枝花卉纹豆，圆口内敛，腹部鼓起，胫部较直，足部中空。该豆通体装饰有青花纹饰，内外都有装饰纹样。内里中心绘制圈纹之内的折枝花卉纹，器壁外绘制了二方连续叶纹、缠枝花卉纹、菊瓣纹。口沿第一层纹样下，写楷书"大明宣德年制"。足部有菊瓣纹和圈纹。纹样细腻工整，青花发色纯正，尤其是腹部青花清新雅致，令人舒心。

　　该豆的造型仿照青铜礼器"豆"，造型古朴端庄，是明宣德时期的典型瓷器造型。现收藏于中国国家博物馆。

①　中国国家博物馆.中国国家博物馆馆藏文物研究丛书·瓷器卷(明)[M].上海：上海古籍出版社，2007：66.

40.明宣德　青花缠枝莲花纹盘①

　　明宣德青花缠枝莲花纹盘，盘口略收，弧壁较浅，盘底较大，有浅圈足。该盘形制较大，规整端庄，瓷胎细腻，瓷质白透，通体青花纹饰满密，色彩纯正，花卉纹样勾勒细腻，盘中心为缠枝莲花纹适合纹样，内外壁均绘制折枝花卉纹，连成缠枝纹。

　　现收藏于中国国家博物馆。

①　中国国家博物馆.中国国家博物馆馆藏文物研究丛书·瓷器卷(明)[M].上海：上海古籍出版社，2007：70-71.

41.明宣德　青花束莲纹盘[1]

　　明宣德青花束莲纹盘，口沿微收，弧壁较浅，底部略宽，圈足较矮。该盘瓷质细腻，釉色莹洁，青花原料为苏麻离青，浓郁处有结晶斑点。该盘内外装饰有青花，盘内壁口沿处装饰有一圈海水纹，浪花朵朵；盘壁上有不同母题的缠枝花卉纹，有牡丹、菊花、莲花、山茶等；盘中心是"一束莲"。"一束莲"又称"一把莲""把莲纹"，宋代、元代也常常将其作为盘、碗之类中心的装饰。盘外壁装饰有缠枝卷草纹、缠枝花卉纹、回形纹，刻划精致细腻。

　　现收藏于中国国家博物馆。

① 中国国家博物馆.中国国家博物馆馆藏文物研究丛书·瓷器卷(明)[M].上海：上海古籍出版社，
　　2007：72-73.

42.明宣德　青花葡萄纹花口盘①

　　明宣德青花葡萄纹花口盘，盘口折沿，沿边为变形花瓣纹，共分十二个花瓣，弧壁浅腹，有浅圈足。盘内壁青花装饰纹样共分为三层，中心用变形花瓣纹进行双层勾线，包围中间的葡萄纹，描绘了三串大葡萄，叶片布局疏朗，枝蔓卷曲，自然气息浓郁。葡萄技法采用晕染、留白，笔触纹理留痕，颇有韵味。葡萄纹为宣德时期青花装饰的典型纹样，寓意着"多子多福"，是当时各阶层喜闻乐见的题材。第二层为十二个单独的折枝纹样，有菊花、灵芝、莲花、牡丹等主题。第三层为口沿处缠枝栀子花卉纹，勾画细腻。盘外壁装饰的单独的折枝纹样与盘内壁相互呼应。

　　现收藏于中国国家博物馆。

①　中国国家博物馆.中国国家博物馆馆藏文物研究丛书·瓷器卷(明)[M].上海:上海古籍出版社，2007:75.

43.明宣德　青花缠枝莲托八宝纹合碗①

　　明宣德青花缠枝莲托八宝纹合碗，撇口，腹部较深，微微往里收，折腰，下腹部
有两道凸起弦纹，有圈足。该碗胎质细腻，釉色偏青，造型典雅，美观大方。该碗内
里中心绘制青花双圈，书写着"大明宣德年制"，其余部分为空白，并无装饰。碗外
壁装饰有一圈缠枝莲托八宝纹，青花发色浓郁，绘制得细腻精致。腹部至底部也有青
花装饰，圈足有弦纹。该形制的碗一般有盖，为圆顶盖。这种合碗的盖和底上下相合，
因此又称"盉碗"，这种造型是宣德时期新创烧的器形。

　　现收藏于中国国家博物馆。

---

①　中国国家博物馆.中国国家博物馆馆藏文物研究丛书·瓷器卷(明)[M].上海:上海古籍出版社，
　　2007:79.

44.明宣德　青花缠枝牡丹纹碗[①]

明宣德青花缠枝牡丹纹碗，撇口，腹部较深，至底部下斜收起，有圈足。该碗胎体较为轻薄，青花发色纯正，青色在白色瓷胎的映衬下显得愈加清秀。碗的口沿内外均有弦纹，碗外壁有缠枝牡丹纹一圈，牡丹花瓣形态与莲花花瓣形态接近，花冠较为紧凑，有花苞，枝叶较为疏朗。近足处绘制有双层莲瓣纹，采用蓝白相间进行描绘，显得层次丰富。碗底有双圈，内书"大明宣德年制"款识。该碗造型秀美，图案工整，画工精细，和谐美观。

现收藏于中国国家博物馆。

---

① 中国国家博物馆.中国国家博物馆馆藏文物研究丛书·瓷器卷(明)[M].上海：上海古籍出版社，2007：84-85.

中 国 瓷 器 缠 枝 纹 装 饰

45.明宣德　青花龙凤纹盘①

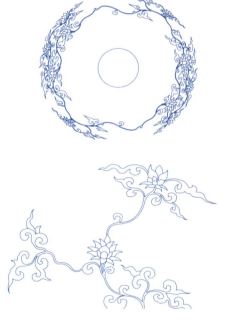

　　明宣德青花龙凤纹盘，口沿微微外撇，弧壁较浅，矮圈足。该盘胎质细腻，釉色莹润，青花发色浓郁处偏紫。盘内口沿处为一圈缠枝卷草纹，盘中心为龙凤呈祥图，龙凤飞舞，穿梭在缠枝莲花纹中。盘外表与内壁装饰一样，绘龙凤呈祥纹，龙凤飞舞在缠枝莲花纹中，布局满密，细腻精致。圈足装饰有二方连续回形纹。

　　现收藏于台北故宫博物院。

① 廖宝秀.故宫藏瓷大系宣德之部（上）[M].台北：台北故宫博物院，2000：62-63.

46.明宣德　青花穿莲双凤纹盘[①]

　　明宣德青花穿莲双凤纹盘，撇口，弧壁较浅，矮圈足。该盘胎质细腻，釉色莹润泛青，青花浓郁。盘内壁分成两层青花，口沿处有一圈缠枝卷草纹，中心为凤穿莲花纹。盘外壁为双凤穿梭在缠枝莲花纹中，构思巧妙，生机勃勃。圈足有弦纹。

　　现收藏于台北故宫博物院。

①　廖宝秀.故宫藏瓷大系宣德之部(上)[M].台北:台北故宫博物院,2000:68-69.

47.明宣德　青花穿花双凤云纹盘[①]

　　明宣德青花穿花双凤云纹盘，撇口，弧壁较浅，矮圈足。该盘胎质细腻，釉色莹润，青花呈色带灰色，浓郁处有结晶斑点。盘内口沿处绘制一圈浅色缠枝卷草纹，盘中心有两圈细线勾勒，装饰有三朵云纹，呈现出"品"字形。盘外壁为双凤穿莲纹，展翅的凤凰穿梭在莲花卷草纹中，细腻精致，生动活泼。圈足有弦纹。

　　现收藏于台北故宫博物院。

①　廖宝秀.故宫藏瓷大系宣德之部(上)[M].台北:台北故宫博物院,2000:72-73.

48.明宣德 青花折枝团花果纹盘[①]

明宣德青花折枝团花果纹盘，盘较大，微微折沿撇口，弧壁较浅，圈足向内微微收缩。该盘胎体坚硬，质地细腻，釉色莹润，青花发色纯正，浓郁处色泽沉淀。盘内中心绘制莲花纹单独纹样，内壁装饰有八个单独折枝纹样，有菊花、莲花、石榴花、月季等，青花晕染浓郁发紫，有渗出现象。盘外壁为牡丹、石榴花、茶花、月季四种花卉和石榴、桃果、枇杷、荔枝四种果实。圈足有三道弦纹。该盘装饰比较独特，目前并未见宣德时期相同纹饰者。

现收藏于台北故宫博物院。

① 廖宝秀.故宫藏瓷大系宣德之部(上)[M].台北：台北故宫博物院,2000:86-87.

49. 明宣德　青花转枝芙蓉花撇口盘①

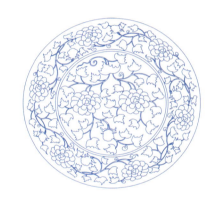

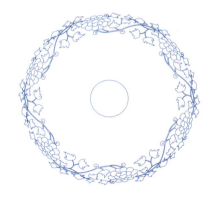

　　明宣德青花转枝芙蓉花撇口盘，盘口外撇，弧壁较浅，圈足较矮。该盘纹饰较满密，青花较浓郁。盘内分或两组青花装饰，盘中心采用适合纹样组织形式绘制折枝双朵芙蓉花，盘壁上装饰有一圈缠枝芙蓉花卉，花朵较大，叶片较小。盘外壁装饰有一圈缠枝芙蓉花卉纹，圈足有一圈缠枝卷草纹。此类芙蓉花装饰题材在宣德青花瓷上较为常见。

　　现收藏于台北故宫博物院。

①　廖宝秀.故宫藏瓷大系宣德之部(上)[M].台北：台北故宫博物院,2000:88-89.

50. 明宣德　青花折枝石榴花果纹盘①

　　明宣德青花折枝石榴花果纹盘，口沿微微外撇，唇部微卷，弧壁较浅，圈足较矮。该盘胎质细腻，釉色略显淡淡青色，纹样采用晕染技法，表现出厚重的效果。盘中心为折枝石榴花，一枝两花，枝上结果，花瓣晕染，一层一层，有立体感。内壁上绘制四幅折枝硕果纹，有柿子、桃子、枇杷、荔枝，描绘细腻，层次感非常强。盘外壁有四组缠枝莲花纹，刻画细腻，立体感强。

　　现收藏于台北故宫博物院。

① 廖宝秀.故宫藏瓷大系宣德之部(上)[M].台北:台北故宫博物院,2000:90-91.

51.明宣德　青花转枝莲纹盘[①]

明宣德青花转枝莲纹盘，盘口外撇，弧壁较浅，圈足较矮。该盘胎体瓷质细腻，釉色莹润，青花发色纯正，浓郁处堆积有铁锈斑。盘内壁口沿处有缠枝卷草纹，盘中心是缠枝花卉纹适合纹样，枝叶从右至左旋转形成涡状绕牡丹、莲花，构图紧凑巧妙。盘外壁是缠枝纹，莲花和牡丹间隔排列，枝条虽细但有劲道，叶片卷曲，美观大方。

现收藏于台北故宫博物院。

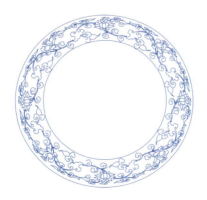

---

①　廖宝秀.故宫藏瓷大系宣德之部（上）[M].台北：台北故宫博物院，2000：94-95.

52.明宣德　青花转枝莲纹碟①

明宣德青花转枝莲纹碟，撇口，浅腹，平底，有圈足。该碟胎骨均匀，瓷质细腻，釉色透亮，青花色彩浓郁，色浓处有铁褐色斑纹。内外壁表面都装饰有莲花缠枝纹，此类缠枝纹"S"形骨骼并不明显，是单个折枝纹的连接，因此学者们称之为"转枝纹"。碟中心装饰有莲花折枝纹，花冠形态与宝相花的比较接近，枝叶与云纹形态接近。

现收藏于台北故宫博物院。

① 廖宝秀.故宫藏瓷大系宣德之部(上)[M].台北：台北故宫博物院,2000:110-111.

53.明宣德　青花把莲四季花卉纹盘

明宣德青花把莲四季花卉纹盘，侈口，弧壁较浅，矮圈足。该盘胎体微厚，瓷质细腻，釉色莹润，青花浓郁。该盘内里青花装饰分成三层，口沿处一圈为海水纹，浪花朵朵。明宣德时期，盘碗之类的口沿时常出现海水纹装饰。第二圈为缠枝花卉纹，有莲花、菊花、牡丹等。盘中心是"一束莲"，又可以称为"一把莲"，枝条随风舞动，虽纤细但有劲，采用晕染技法，刻画细腻生动。盘外壁也有三层装饰，第一层口沿处为二方连续卷草纹，第二层为缠枝花卉纹，与内壁装饰相呼应，近足处为二方连续回形纹。

现收藏于台北故宫博物院。

① 廖宝秀.故宫藏瓷大系宣德之部（上）[M].台北：台北故宫博物院,2000：112-113.

54. 明宣德 青花把莲四季花卉纹盘[①]

明宣德青花把莲四季花卉纹盘，侈口，弧壁较浅，矮圈足。该盘胎体微厚，瓷质细腻，釉色莹润，青花浓郁。该盘内里青花装饰分成三层，口沿处一圈为细线勾勒的缠枝卷草纹，第二圈为缠枝花卉纹，有莲花、菊花、牡丹等。盘中心是"一束莲"，莲花花瓣轮廓勾线、留白，采用晕染技法，刻画细腻生动，枝条随风舞动，虽纤细但有劲，布局相对疏朗。盘外壁也有三层装饰，第一层口沿处为二方连续卷草纹，第二层为缠枝花卉纹，与内壁装饰相呼应，近足处为二方连续回形纹。该盘与上盘的装饰类同，仅细微处有区别，应属于同一批瓷器。

现收藏于台北故宫博物院。

① 廖宝秀.故宫藏瓷大系宣德之部（上）[M].台北:台北故宫博物院,2000:114-115.

55. 明宣德　青花双莲托八吉祥纹平足盘[①]

　　明宣德青花双莲托八吉祥纹平足盘，侈口，弧壁较浅，平底。该盘瓷质细腻，釉色莹润，有微微泛青之感。盘内壁装饰有弦纹和莲花，莲花在盘中心，共有八个大花瓣，莲蓬由莲心八个圆点组成，莲心周围绕着八个双层小花瓣，并有一圈花蕊围绕，非常细致生动。盘外壁装饰有二方连续缠枝莲托八宝吉祥纹，并有"宣德年制"楷书一行。明宣德款瓷器中四字的稀少，在盘上书写四字更是特例。另，盘中心此类莲花装饰与永乐时期的碗盘中心装饰类同，可见传承关系。

　　现收藏于台北故宫博物院。

①　廖宝秀.故宫藏瓷大系宣德之部(上)[M].台北:台北故宫博物院,2000:116-117.

56. 明宣德　青花转枝莲花果纹大碗[①]

　　明宣德青花转枝莲花果纹大碗，敞口，弧壁较深，矮圈足。该碗胎骨均匀，底部略厚，瓷质洁白，釉色莹润，青花发色纯正，有渗出滴釉现象。该碗口沿处绘制单独的折枝花卉纹，内立壁上绘制硕桃、石榴花、荔枝、菊花、柿子、牡丹六种花果。内里中心是折枝双石榴花果纹，石榴硕大，与较小的花朵叶片形成对比，枝条蜿蜒，与娇嫩花朵、嫩芽形成对比，颇有韵味。碗外壁绘制转枝番莲花纹，花冠大，枝叶细小且柔软，画工细腻精致。碗底无款识。

　　现收藏于台北故宫博物院。

①　廖宝秀.故宫藏瓷大系宣德之部(上)[M].台北:台北故宫博物院,2000:124-125.

57. 明宣德　青花牡丹折枝花果纹大碗①

　　明宣德青花牡丹折枝花果纹大碗，圆直口，弧壁较深，平底，有圈足。该大碗瓷质细腻，釉色泛青，青花浓艳，带铁褐斑。大碗内壁装饰共分三层，口沿处为一圈缠枝花卉纹，弧壁上装饰秋葵、茶花、栀子花、石榴、菊花六种花果折枝纹，碗中心为折枝石榴花果纹，石榴裂开了嘴，把枝条压弯了，寓意着丰收和喜悦。碗外口沿装饰一圈母题不同的单独花卉纹样，外壁为缠枝牡丹纹，花朵较大呈团状，枝条柔软，画工细腻。外底中心有双圈，书写"大明宣德年制"楷书款识。

　　此类直口大碗，又可以称为"墩式碗"，明洪武时期较多采用这种形制，宣德时期圈足略高，装饰纹样变化较丰富。

　　现收藏于台北故宫博物院。

①　廖宝秀.故宫藏瓷大系宣德之部（上）[M].台北：台北故宫博物院，2000：126-127.

58.明宣德　青花转枝莲花纹钵^①

明宣德青花转枝莲花纹钵，敛口，弧壁较深，鼓腹至底部收拢，平底无圈足。该钵瓷胎较厚重，底部稍厚，青花浓郁处有黑褐斑点，釉色微微泛青。该钵内底中心有青花双圈，里面绘制双菊花折枝纹。钵外壁分成三层装饰，口沿处为缠枝灵芝纹，第二层腹部为缠枝莲花纹，莲花有盛开和花苞组合，叶片除传统卷草纹式样，还添加了写实的荷叶纹，荷叶有全展、半展、侧展等形式。近底部第三层为变形莲瓣纹一圈，形式感强烈。该钵应是永乐、宣德之间过渡时期所制。

现收藏于台北故宫博物院。

① 　廖宝秀.故宫藏瓷大系宣德之部（上）[M].台北：台北故宫博物院，2000：132-133.

59.明宣德　青花穿莲龙纹大碗[①]

　　明宣德青花穿莲龙纹大碗，撇口，折沿，弧壁较深，有圈足。该大碗瓷质细腻，釉色莹润，青花浓艳带紫，浓郁处有铁锈斑。大碗内壁口沿处为上下各两道弦纹，中间装饰二方连续缠枝莲花纹，非常秀气。内壁中间有青花双圈，绘龙穿莲花纹，龙张牙舞爪，非常威风。大碗外壁为二龙穿梭在莲花枝叶间，近碗底处为一层缠枝莲花纹，描绘细腻生动，颇有气势。

　　现收藏于台北故宫博物院。

①　廖宝秀.故宫藏瓷大系宣德之部(上)[M].台北:台北故宫博物院,2000:134-135.

60.明宣德　青花缠枝莲纹大碗[①]

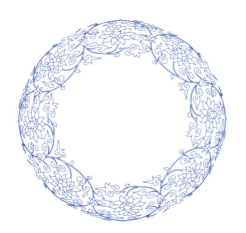

明宣德青花缠枝莲纹大碗，敞口微敛，宽口沿，弧壁较浅，平底，有圈足。该大碗内壁无装饰，外壁装饰共分为四层，第一层口沿处和第四层圈足均为云纹。外口沿云纹下，书写"大明宣德年制"楷书款识。第二层腹部为核心装饰区，描绘有缠枝莲花纹，花冠较大，"S"形枝条挺拔，叶片卷曲有随风飘动感。近足处为变形莲瓣纹绕一圈。

现收藏于台北故宫博物院。

① 廖宝秀.故宫藏瓷大系宣德之部(上)[M].台北:台北故宫博物院,2000:144-145.

61. 明宣德　青花莲托八吉祥纹大碗[①]

　　明宣德青花莲托八吉祥纹大碗，敞口微敛，宽口沿，弧壁较浅，平底，有圈足。该大碗瓷质细腻，釉色莹润泛青，青花色彩浓郁，有铁锈斑点。内壁无装饰纹样，外壁口沿处有弦纹两圈，弦纹下有"大明宣德年制"楷书字样。外壁有三层装饰，第一层腹部主要装饰有缠枝莲花纹，莲花花冠上面托八宝纹，描绘非常细腻精致，茎线细但弯曲有力，很有特色。第二层近底处有变形莲瓣纹绕一圈，蹋足有单独纹样梅花一圈。

　　现收藏于台北故宫博物院。

①　廖宝秀.故宫藏瓷大系宣德之部（上）[M].台北：台北故宫博物院，2000：146-147.

62.明宣德　青花灵芝纹大碗

　　明宣德青花灵芝纹大碗，敞口微敛，宽口沿，弧壁较浅，平底，有圈足。该大碗瓷质细腻，釉色莹润泛青，青花色彩浓郁，有褐绿结晶斑点。该大碗的外壁装饰满密，口沿有弦纹两圈，弦纹下有"大明宣德年制"楷书字样。往下为缠枝灵芝纹，灵芝十朵，枝叶弯曲布满腹部。近足处有变形莲瓣纹绕一圈，圈足上有二方连续浪花形纹样一圈。底部无款识。

　　灵芝纹，乃吉祥纹样。灵芝，相传是一种仙草，可药用，有延年益寿之功效。灵芝纹可单独成纹样，也可以与仙鹤、桃子、竹子、蔓草、盘长、方胜等纹样组合，寓意"万寿延年""灵仙祝寿""吉祥如意"等。

　　现收藏于台北故宫博物院。

---

①　廖宝秀.故宫藏瓷大系宣德之部(上)[M].台北：台北故宫博物院,2000:150-151.

63．明宣德　青花转枝牡丹纹大碗[①]

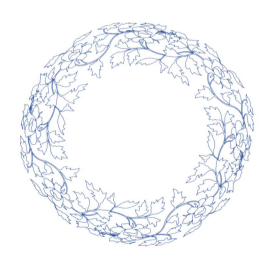

明宣德青花转枝牡丹纹大碗，敞口微敛，宽口沿，弧壁较浅，平底，有圈足。该大碗瓷质细腻，釉色莹润泛青，青花色彩浓郁带紫，有铁锈斑。内壁无纹，外壁有青花装饰。该大碗外壁口沿处为一粗一细两圈弦纹，弦纹下有青花横写"大明宣德年制"楷书款识。口沿往下外壁装饰有缠枝牡丹花，牡丹娇俏，叶脉纹理清晰，枝叶交错，描绘细腻生动。近足处装饰有一圈变形花瓣纹。圈足绘有二方连续花叶纹。碗底无纹。

现收藏于台北故宫博物院。

① 　廖宝秀.故宫藏瓷大系宣德之部（上）[M].台北：台北故宫博物院，2000：160-161.

64.明宣德　青花转枝月季花纹大碗①

明宣德青花转枝月季花纹大碗，敞口微敛，宽口沿，弧壁较浅，有圈足。该大碗瓷胎细腻，釉色莹润泛青，青花色泽浓郁，有结晶。碗内壁无纹，外壁装饰有三层青花纹样。外壁口沿有双弦纹，下面用青花书写"大明宣德年制"楷书款识。碗外壁主纹为缠枝月季花纹，花冠中心花瓣卷起，外围花瓣向外伸展，有尖尖的花萼尾端，特征比较明显。叶片形态多样，脉纹细腻，构图疏朗。近足处有变形莲瓣纹围成一圈，圈足上有一圈梅花装饰。碗底无纹。

现收藏于台北故宫博物院。

---

① 　廖宝秀.故宫藏瓷大系宣德之部(上)[M].台北：台北故宫博物院,2000：162-163.

65. 明宣德　青花四季花卉纹大碗[①]

　　明宣德青花四季花卉纹大碗，敞口微敛，宽口沿，弧壁较浅，有圈足。该大碗瓷胎细腻，釉色莹润泛青，青花色泽带灰，浓郁处有褐绿色斑。该大碗内壁无装饰纹样，外壁装饰青花纹饰。外壁口沿处有两道弦纹，往下有青花横书"大明宣德年制"楷书款识。碗外壁装饰青花四季花卉纹，有牡丹、石榴、芙蓉、茶花、芍药、莲花、菊花、栀子花等，花冠较大，枝叶柔软，疏密有致。近碗底有变形莲瓣纹一圈，圈足上有缠枝卷草纹。

　　现收藏于台北故宫博物院。

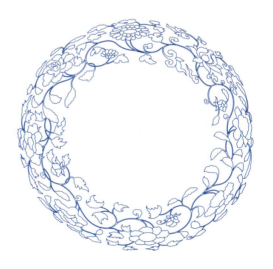

①　廖宝秀.故宫藏瓷大系宣德之部(上)[M].台北:台北故宫博物院,2000:164-165.

66.明宣德 青花缠枝番莲纹合碗[①]

明宣德青花缠枝番莲纹合碗，有盖。该碗侈口，弧壁向内，较深，矮圈足。该碗瓷质细腻，釉色略微泛青，器身布满青花，装饰满密，纹样之间采用弦纹间隔。碗盖中心装饰八瓣双重莲花，色彩浓郁，显得厚重。碗盖面装饰有八朵番莲纹组成的缠枝纹，花冠被卷曲的茎叶包围，形成了涡形的秩序排列空间。碗的口沿处有弦纹两道，器身绘八朵缠枝番莲纹，与盖的装饰纹样相呼应。近底处装饰有一圈变形莲瓣纹。圈足有两道弦纹。盖的内心和碗的内心均有书写"大明宣德年制"，碗内底字加青花双圈。这种款识写法遵循了宣德时期的制器规范。

现收藏于台北故宫博物院。

---

① 廖宝秀.故宫藏瓷大系宣德之部(上)[M].台北:台北故宫博物院,2000:166-167.

67. 明宣德　青花缠枝莲纹合碗^①

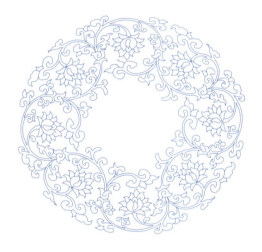

明宣德青花缠枝莲纹合碗，有盖，侈口，弧壁向内，较深，矮圈足。该碗瓷质细腻，釉色略微泛青，器身布满青花，装饰满密，纹样之间均用弦纹间隔。碗盖中心装饰宝相莲花纹，色彩浓郁，显得厚重。碗盖面装饰有八朵莲花组成的缠枝纹，花冠被卷曲的茎叶包围，形成了涡形的排列，秩序感强烈。碗的口沿处有弦纹两道，器身绘八朵缠枝莲花，与盖的装饰纹样相呼应。近底处绘制层叠的蕉叶纹一圈。圈足有两道弦纹。盖的内心和碗的内心均有书写"大明宣德年制"，碗内底字加青花双圈。

现收藏于台北故宫博物院。

---

① 廖宝秀.故宫藏瓷大系宣德之部（上）[M].台北：台北故宫博物院,2000:168-169.

68.明宣德　青花缠枝莲托八吉祥纹合碗①

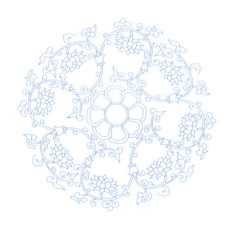

明宣德青花缠枝莲托八吉祥纹合碗，有盖，碗为侈口，弧壁向内，较深，近底处有两道凸起弦纹，矮圈足。该碗瓷质细腻，釉色略微泛青，器身布满青花，青花色泽深浅不一，装饰满密，纹样之间均用弦纹间隔。碗盖中心装饰八瓣花朵，每个花瓣上有丝丝纹理，色彩浓郁，显得古朴厚重。碗盖面装饰缠枝莲托八宝纹，卷曲的茎叶包围花冠，秩序感强烈。盖的外沿和碗口沿处各有弦纹两道。碗外壁绘八朵缠枝莲花，托举八宝纹，与盖的装饰纹样相呼应。近底处绘制简单花叶纹一圈。圈足有两道弦纹。盖的内心和碗的内心均有书写"大明宣德年制"，碗内底字加青花双圈。

现收藏于台北故宫博物院。

①　廖宝秀.故宫藏瓷大系宣德之部（上）[M].台北：台北故宫博物院,2000:172-173.

69. 明宣德 青花折枝花卉纹合碗[①]

明宣德青花折枝花卉纹合碗，有盖，碗侈口，弧壁向内，较深，近底处有两道凸起弦纹，矮圈足。该碗瓷质细腻，釉色略微泛青，器身布满青花，青花色泽深浅不一，浓密处呈褐绿色，纹样之间均用弦纹间隔。盖沿处有弦纹两圈，盖顶部中心绘制宝相花一朵，双勾轮廓线。盖面绘制牡丹、莲花、菊花、月季、茶花、石榴等花果纹。碗的外口沿有弦纹两圈，外壁绘制纹样与盖面绘制纹样相同，为不同母题的花果纹，近足处有莲瓣纹一圈，圈足有弦纹。盖的内心和碗的内心均有书写"大明宣德年制"，碗内底字加青花双圈。

现收藏于台北故宫博物院。

---

① 廖宝秀.故宫藏瓷大系宣德之部(上)[M].台北:台北故宫博物院,2000:174-175.

70.明宣德　青花穿花凤凰纹仰钟式碗①

明宣德青花穿花凤凰纹仰钟式碗，撇口，腹部较深，下腹部微微鼓起，有圈足。此类碗的造型似翻过来的钟，因此称之为"仰钟式碗"。该碗胎质细腻，釉色微微泛青，青花色泽浓郁，有褐绿色斑点。该碗的内口沿处为二方连续卷草纹，内里中心绘制了凤凰穿莲适合纹样。碗外壁口沿为一道弦纹，腹部为凤凰穿莲纹，与碗心纹样相呼应。近足处有变形莲瓣纹一圈，圈足有弦纹。

明宣德时期非常流行仰钟式碗，除青花外，还有霁青、白釉等产品。

现收藏于台北故宫博物院。

① 廖宝秀.故宫藏瓷大系宣德之部(上)[M].台北:台北故宫博物院,2000:182-183.

71.明宣德　青花双龙戏赶珠纹碗①

　　明宣德青花双龙戏赶珠纹碗,口沿外撇,弧壁较深,圈足较矮。该碗瓷质细腻,釉色莹润微微偏青,青花发色浓郁,色浓处有带褐绿斑点。碗内壁口沿处为二方连续卷草纹,内壁为六朵缠枝花卉纹,枝条柔软纤细,叶片舒展飘逸。碗内中心有双圈,内饰折枝牡丹纹。碗外壁口沿装饰回纹,腹部装饰有双龙戏珠纹,近底部有变形莲瓣纹一圈,圈足有卷草纹一周。碗底有青花双圈,内书"大明宣德年制"款识。

　　现收藏于台北故宫博物院。

---

①　廖宝秀.故宫藏瓷大系宣德之部(上)[M].台北:台北故宫博物院,2000:198-199.

72.明宣德　青花双龙戏赶珠纹碗①

　　明宣德青花双龙戏赶珠纹碗，撇口，弧壁较深，圈足较矮。该碗瓷质细腻，釉色莹润微微偏青，青花发色浓郁，色浓处有带褐绿斑点。碗内壁口沿处为二方连续卷草纹，内壁为缠枝莲花纹，花冠硕大，枝条柔软纤细，叶片细小疏朗。碗内中心有双圈，内饰折枝月季花，花大叶小。碗外壁口沿装饰有回纹，腹部装饰有双龙戏珠纹，近底部有变形莲瓣纹一圈，圈足有卷草纹一周。碗底有青花双圈，内书"大明宣德年制"款识。

　　现收藏于台北故宫博物院。

① 　廖宝秀.故宫藏瓷大系宣德之部(上)[M].台北:台北故宫博物院,2000:200-201.

73. 明宣德　青花双龙戏赶珠纹碗①

　　明宣德青花双龙戏赶珠纹碗，撇口、弧壁较深，圈足较矮。该碗瓷质细腻，釉色莹润微微偏青，青花发色浓郁，色浓处有带褐绿斑点。碗内壁口沿处为二方连续卷草纹，内壁为缠枝菊花纹，共有五朵，枝条缠绕，构图疏朗。碗内中心有双圈，内饰折枝秋葵花，五个花瓣呈微微扭曲状，叶片有刺。碗外壁口沿处有缠枝卷草纹一圈，腹部装饰有双龙戏珠纹，近底部有变形莲瓣纹一圈，圈足有回纹一周。碗底有青花双圈，内书"大明宣德年制"楷书款识。

　　此类碗是明宣德年间官窑批量生产的，碗有大小不同之区别，纹饰装饰有统一规范，根据碗的大小进行装饰上的细微区别，例如碗心、碗壁花卉母题的更换，碗外壁带状条纹的位置替换，卷草纹与回纹交换位置，等等。现收藏于台北故宫博物院。

①　廖宝秀.故宫藏瓷大系宣德之部(上)[M].台北:台北故宫博物院,2000:202-203.

74. 明宣德　青花转枝莲纹碗①

明宣德青花转枝莲纹碗，撇口，弧壁较深，有圈足。该碗瓷质细腻坚硬，釉色莹润，青花发色浓郁带灰，有褐绿色斑点。该碗内口沿处装饰一圈缠枝小花纹，内壁上装饰牡丹、菊花、芍药、莲花、石榴花母题的缠枝纹，碗中心为折枝莲花纹。该碗外口沿描绘回纹，往下是腹部主纹缠枝莲花纹，花冠较大，枝叶疏朗，近足处装饰有一圈变形莲瓣纹。圈足装饰有卷草纹。足底中心绘青花两圈，内书"大明宣德年制"款识。

现收藏于台北故宫博物院。

---

①　廖宝秀.故宫藏瓷大系宣德之部（上）[M].台北：台北故宫博物院，2000：206-207.

75.明宣德　青花四季花卉纹碗①

　　明宣德青花四季花卉纹碗，撇口，弧壁较深，有圈足。该碗瓷质细腻坚硬，釉色莹润，青花发色浓郁带灰，有褐绿色斑点。该碗内口沿处装饰一圈缠枝小花纹，内壁上装饰以茶花、牡丹花、菊花、莲花、芙蓉为母题的缠枝纹，碗中心为折枝莲花纹。该碗外口沿描绘回纹，往下是腹部缠枝花卉纹，有茶花、月季、杜丹、莲花、石榴，花冠较大，枝叶疏朗，近足处绘制间隔的变形莲瓣纹一圈，圈足有卷草纹一圈。足底中心绘青花两圈，内书"大明宣德年制"款识。

　　现收藏于台北故宫博物院。

---

①　廖宝秀.故宫藏瓷大系宣德之部(上)[M].台北:台北故宫博物院,2000:212-213.

76.明宣德　青花转枝番莲纹碗^①

明宣德青花转枝番莲纹碗，撇口，弧壁较深，有圈足。该碗瓷质细腻坚硬，釉色莹润，青花发色浓郁带紫，有褐绿色和褐黄色斑点。该碗内口沿处装饰一圈梅花状小花纹，内壁上装饰莲花单独纹样，碗中心为折枝牡丹花。该碗外口沿有两圈弦纹，往下腹部是缠枝番莲花六朵，花冠对称，花心有石榴形，枝叶疏朗，近足处绘制蕉叶纹一圈，圈足有梅花纹装饰。足底中心绘青花两圈，内书"大明宣德年制"款识。

现收藏于台北故宫博物院。

---

①　廖宝秀.故宫藏瓷大系宣德之部(上)[M].台北:台北故宫博物院,2000:214-215.

77. 明宣德　青花转枝花叶莲塘纹碗①

　　明宣德青花转枝花叶莲塘纹碗，撇口，弧壁较深，圈足略高。该碗胎骨均匀，青花艳丽，白釉泛青。该碗内壁共有四层，口沿处装饰一圈菱形斜格纹，往下第二层装饰缠枝叶纹，第三层为锁子锦几何纹，碗中心为莲池纹（莲塘纹）。此种菱形斜格纹并不多见，缠枝叶纹是非常少见的，叶片作为缠枝纹的单元核心，描绘细腻精致。莲池纹是常见的主题，该纹样呈现对称模式，花叶描绘比较规整刻板。该碗外口沿装饰双线编绳纹，往下是腹部缠枝花卉纹，花冠内填方格纹，有茎无叶，圈足无纹。足底中心绘青花两圈，内书"大明宣德年制"款识。

　　现收藏于台北故宫博物院。

---

①　廖宝秀.故宫藏瓷大系宣德之部（上）[M].台北：台北故宫博物院，2000：218-219.

78.明宣德　青花莲瓣小莲子碗[①]

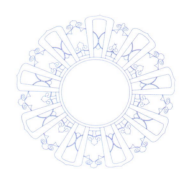

　　明宣德青花莲瓣小莲子碗，侈口，弧壁较深，圈足较小，碗心内凹呈尖底状，外底凸起。该碗瓷质细腻洁白，釉色莹润透亮，青花浓郁带铁褐结晶斑。碗的内口沿下有卷草纹一圈，碗中心装饰桃心形花瓣，外围绕回纹、阿拉伯图案各一周。外壁口沿有回纹一周，腹部空白较多，近足处有莲瓣一周，加绕桃心形图案。圈足有回纹。足底中心书写"大明宣德年制"。

　　莲子碗因其形状似莲房而得名，还有一名称为"鸡心碗"。此类莲子碗有大、中、小三种类型，此件属于小型器。永乐也有类似造型瓷器，但相比宣德高一些，圈足略矮。

　　现收藏于台北故宫博物院。

---

①　廖宝秀.故宫藏瓷大系宣德之部(上)[M].台北:台北故宫博物院,2000:256-257.

79. 明宣德　青花莲瓣纹小莲子碗①

　　明宣德青花莲瓣纹小莲子碗，侈口，弧壁较深，圈足较小，碗心内凹呈尖底状，外底凸起。该碗瓷质细腻洁白，釉色莹润透亮，青花浓郁带铁褐结晶斑。碗的内口沿下有回纹一圈，碗中心装饰莲花花瓣纹，外围绕花草纹、桃形图案各一周。外壁口沿有叶纹，往下腹部为细长莲瓣纹至底部。圈足有弦纹。足底中心有"大明宣德年制"款识。

　　明宣德青花莲子碗，与甜白釉刻花莲子碗的造型、尺寸、纹样都类同，这是官窑生产时一次大量制作的素坯，通过不同的装饰技法烧制成的不同瓷器类型。

　　现收藏于台北故宫博物院。

①　廖宝秀.故宫藏瓷大系宣德之部（上）[M].台北：台北故宫博物院,2000:262-263.

80.明宣德　青花花卉纹莲子碗[①]

　　明宣德青花花卉纹莲子碗，侈口，弧壁较深，圈足较小，碗心内凹呈尖底状，外底凸起。该碗瓷质细腻洁白，釉色莹润透亮，青花色彩偏暗。碗的内口沿下有花瓣纹一圈，往下是缠枝石竹花纹，碗中心装饰四瓣花卉纹，外围绕花草纹、桃形图案各一周。外壁口沿有缠枝兰花纹，往下为花骨朵纹一圈，腹部有折枝莲花、菊花、牡丹花、石榴花，还有四宝银锭、犀角、珊瑚、阴阳板。近足处有十六个尖尖莲瓣纹绕一圈，呈发射状，圈足有缠枝卷草纹。足底中心书写"大明宣德年制"楷书款识。

　　此碗沿用永乐款式，永乐无款，胎骨较薄，圈足较小。

　　现收藏于台北故宫博物院。

---

①　廖宝秀.故宫藏瓷大系宣德之部(上)[M].台北:台北故宫博物院,2000:260-261.

81. 明宣德　青花莲瓣纹莲子碗①

　　明宣德青花莲瓣纹莲子碗，侈口，弧壁较深，圈足较小，碗心内凹呈尖底状，外底凸起。该碗瓷质细腻洁白，釉色莹润透亮，青花浓郁带铁褐结晶斑。碗的内口沿下装饰有钱纹一圈，碗中心装饰桃纹、忍冬纹组合，外围绕花草纹、桃形图案各一周，秩序感强烈。外壁口沿有回纹，近足处有变形莲瓣纹至底部。圈足有回纹。足底中心有双圈，书写"大明宣德年制"楷书款识。

　　该碗与同时期白釉刻花莲瓣莲子碗的造型、纹样类似。此类瓷器延用永乐形制。

　　现收藏于台北故宫博物院。

---

①　廖宝秀.故宫藏瓷大系宣德之部（上）[M].台北：台北故宫博物院,2000：262-263.

82. 明宣德　青花莲瓣花卉纹大莲子碗①

 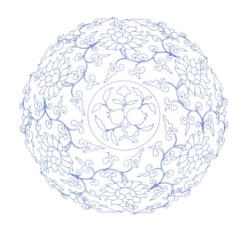

　　明宣德青花莲瓣花卉纹大莲子碗，侈口，弧壁较深，圈足较小，碗心内凹呈尖底状，外底凸起。该碗瓷质细腻洁白，釉色莹润透亮，青花浓郁带铁质疵斑。碗的内口沿下有回纹一圈，碗壁装饰缠枝莲花纹，碗中心装饰折枝咧嘴石榴纹。外壁口沿各有一圈海水纹，腹部至足部装饰双层莲瓣纹。圈足有弦纹。足底中心有双圈，书写"大明宣德年制"楷书款识。

　　现收藏于台北故宫博物院。

---

①　廖宝秀.故宫藏瓷大系宣德之部(上)[M].台北：台北故宫博物院,2000：264-265.

83.明宣德　青花莲瓣花卉纹大莲子碗①

　　明宣德青花莲瓣花卉纹大莲子碗，侈口，弧壁较深，有圈足。碗心内凹呈尖底状，外底凸起。该碗瓷质细腻洁白，釉色莹润带青，青花浓郁带褐绿色斑。碗的内口沿下有海水纹一圈，碗壁装饰缠枝花卉纹，有茶花、菊花，碗中心装饰折枝枇杷纹。外壁口沿有一圈回纹，腹部至足部装饰细长莲瓣纹。圈足有弦纹。足底中心有双圈，书写"大明宣德年制"楷书款识。

　　现收藏于台北故宫博物院。

①　廖宝秀.故宫藏瓷大系宣德之部（上）[M].台北：台北故宫博物院，2000：266-267.

84.明宣德　青花波涛缠枝莲纹碗[①]

　　明宣德青花波涛缠枝莲纹碗，侈口，斜壁微弧，圈足略高。该碗胎骨均匀，瓷质细腻洁白，透明度高，从内向外看，可见外壁装饰，釉色莹润带青，青花浓郁晕散且带铁褐色斑，工艺精湛。碗内口沿处有缠枝莲花纹一圈。碗中心为波涛纹。碗的外壁口沿装饰一圈波涛纹，外腹部装饰了八组缠枝莲花纹，近足处有一周波涛海水纹。足底中心有双圈，书写"大明宣德年制"楷书款识。

　　现收藏于台北故宫博物院。

①　廖宝秀.故宫藏瓷大系宣德之部(上)[M].台北:台北故宫博物院,2000:270-271.

85. 明宣德　青花波涛缠枝莲纹碗[①]

　　明宣德青花波涛缠枝莲纹碗，侈口，斜壁微弧，圈足略高。该碗胎骨均匀，瓷质细腻洁白，透明度高，釉色莹润带青，青花浓郁晕散且带铁褐色斑和褐绿色斑。碗内口沿处有缠枝莲花纹一圈。碗中心为波涛纹，外壁口沿处有一圈波涛纹，近足处也有一圈波涛纹。宣德青花波涛纹有自己的特色，形态上与其他时代不太相同。腹部绘缠枝莲花纹，两朵莲花之间的茎上有六瓣小花，这种装饰非常罕见。圈足有弦纹。足底中心有双圈，书写"大明宣德年制"楷书款识。

　　现收藏于台北故宫博物院。

---

①　廖宝秀.故宫藏瓷大系宣德之部（上）[M].台北：台北故宫博物院,2000：272-273.

86. 明宣德 青花转枝芍药纹碗[①]

明宣德青花转枝芍药纹碗，侈口，斜壁微弧，矮圈足。该碗瓷质细腻洁白，釉色莹润微微泛青，青花浓郁晕散，带褐绿色斑。碗内口沿处有弦纹两圈，碗心为六瓣葵花纹。碗的外壁口沿为弦纹一圈，腹部绘缠枝芍药纹，花冠较大，枝叶疏朗。近足处装饰有一圈双层莲瓣纹。圈足有一道弦纹。足底中心有双圈，书写"大明宣德年制"楷书款识。此类缠枝芍药装饰的碗，留存至今超百件，部分是清代仿明代的。宣德青花上，花卉类装饰题材非常丰富，与当时以花寄情，追求吉祥的审美风尚有关。

现收藏于台北故宫博物院。

① 廖宝秀.故宫藏瓷大系宣德之部（上）[M].台北：台北故宫博物院,2000:274-275.

87.明宣德　青花缠枝花卉纹高圈足碗①

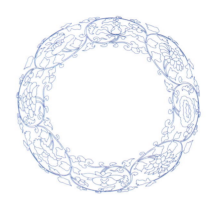

明宣德青花缠枝花卉纹高圈足碗，侈口，弧壁较深，圈足较高。该碗胎骨均匀，瓷质细腻洁白，青花浓郁晕散，带褐绿色斑和褐黄色斑。碗内口沿处有弦纹两圈，其他无纹。碗的外壁口沿有弦纹两圈，腹部绘缠枝花卉纹，有茶花、莲花、番莲花、芙蓉、牡丹、月季、菊花等。近足处装饰有一圈变形莲瓣纹。圈足有卷草纹一圈。足底中心有双圈，书写"大明宣德年制"楷书款识。

此类高圈足碗，比一般圈足碗高，比真正高足碗矮，处于两者之间。与此类高足碗装饰题材类似的还有白釉划花碗。

现收藏于台北故宫博物院。

① 　廖宝秀.故宫藏瓷大系宣德之部(上)[M].台北:台北故宫博物院,2000:280-281.

88.明宣德　青花云龙纹天球瓶[①]

　　明宣德青花云龙纹天球瓶，直口，圆肩，鼓腹，平底。该天球瓶胎骨厚重，造型端庄，青花为苏麻离青料，色泽浓翠，釉面出现铁黑色斑点。外口沿处装饰一圈缠枝卷草纹，腹部绘有巨龙在云间翻腾，鲜活灵动，颇有气势。

　　现收藏于震旦艺术博物馆。

① 震旦文教基金会编辑委员会.青花瓷鉴赏[M].台北:财团法人震旦文教基金会,2008:88.

89.明宣德　青花云龙纹扁腹葫芦瓶①

　　明宣德青花云龙纹扁腹葫芦瓶，呈葫芦形，口、颈部为圆形，腹部为竖向扁圆形，下有方足。该葫芦瓶的颈部和肩部之间有一对绶带耳，呈对称状。通体青花纹饰。口部绘三角形几何纹、缠枝卷草纹，腹两面均绘云龙纹，龙在云间穿梭飞翔，气势非凡。

　　现收藏于震旦艺术博物馆。

①　震旦文教基金会编辑委员会.青花瓷鉴赏[M].台北:财团法人震旦文教基金会,2008:93.

90. 明宣德　青花缠枝莲纹把壶①

　　明宣德青花缠枝莲纹把壶，由盖和壶身组成。该壶形制端庄，瓷质细腻白皙，釉色莹润微微泛青，青花发色纯正，绘制的染料为苏麻离青，浓郁处有铁锈斑。壶盖，宝珠钮，下缘外侈、折沿。盖顶装饰花瓣纹，盖身有六朵折枝花卉纹。壶的颈部有梅花形点状小花朵，肩部和近底处各有变形莲瓣纹一圈。腹部描绘了二方连续莲花纹，花朵较大，叶片、枝条柔软。该壶的流和柄上均有缠枝纹装饰。流和壶身之间有云纹连接固定。流的朝外部分有"大明宣德年制"款识。

　　现收藏于震旦艺术博物馆。

①　震旦文教基金会编辑委员会.青花瓷鉴赏[M].台北:财团法人震旦文教基金会,2008:95.

91. 明宣德　青花穿莲龙纹大碗①

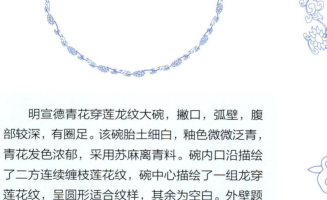

　　明宣德青花穿莲龙纹大碗，撇口，弧壁，腹部较深，有圈足。该碗胎土细白，釉色微微泛青，青花发色浓郁，采用苏麻离青料。碗内口沿描绘了二方连续缠枝莲花纹，碗中心描绘了一组龙穿莲花纹，呈圆形适合纹样，其余为空白。外壁题材与碗心相呼应，装饰有龙穿莲花纹，龙穿梭在莲花纹中，轮廓线较深，晕染层次丰富，描绘细腻精致。足底有"大明宣德年制"楷书款识。

　　现收藏于震旦艺术博物馆。

①　震旦文教基金会编辑委员会.青花瓷鉴赏[M].台北：财团法人震旦文教基金会,2008：96-99.

92.明宣德　青花锦地开光缠枝三友纹文具盒[①]

　　明宣德青花锦地开光缠枝三友纹文具盒，有盖和盒体。盒内有大小不一三孔，用于放置文房用品。该盒瓷质细腻白皙，釉色莹润，遍身装饰青花，非常细腻精致。青花采用苏麻离青料，晕染充分，浓郁处有细微铁锈斑。盒盖表面有开光，开光内绘缠枝莲花纹，开光外绘缠枝卷草纹，盒盖侧面绘制缠枝花卉纹一周，盒盖内里绘制松、竹、梅岁寒三友图。盒身侧面四周为锦地开光，开光内装饰缠枝花卉纹，一侧长侧面开光处书写"大明宣德年制"。盒身隔板上装饰缠枝花纹，内底绘制折枝菊花纹。此类文具盒并不多见，日本有同类的收藏。

　　现收藏于震旦艺术博物馆。

---

①　震旦文教基金会编辑委员会.青花瓷鉴赏[M].台北:财团法人震旦文教基金会,2008:114-117.

93.明正统　青花松竹梅纹罐①

　　明正统青花松竹梅纹罐，直口，唇口微卷，短颈，丰肩，鼓腹，腹以下渐内收，有圈足。该罐造型端庄稳重，通体装饰青花纹样。直颈上，装饰有二方连续忍冬纹，肩部装饰二方连续缠枝牡丹纹，牡丹花色泽较深，枝叶较为疏朗。罐的腹部非常细腻地描绘了月映松竹梅图。在该图中，月光透过云层照向万物，竹子、松树挺拔，梅花暗香，花草、坡地、灵芝等笔触细腻，层次丰富，颇有意境。近足处装饰一圈变形莲瓣纹。

　　现收藏于北京故宫博物院。

①　故宫博物院.故宫陶瓷图典[M].北京:紫禁城出版社,2010:152.

94. 明成化　青花穿花凤凰纹盘①

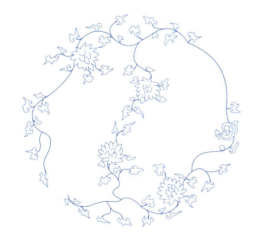

明成化青花穿花凤凰纹盘，撇口，弧壁，圈足，胎质细腻洁白，釉色光洁莹润，纹样刻画细致生动。盘口沿处内外均绘制有弦纹。盘中心为一对飞舞的凤凰穿梭在莲花丛中，盘外壁装饰母题也是凤穿莲花，与盘中心呼应。纹饰描绘技法采用勾线、晕染，显示精致细腻的装饰风格。

现收藏于台北故宫博物院。

① 蔡和璧.成化瓷器特展图录[M].台北：台北故宫博物院，2012：34.

95.明成化　青花波涛灵兽纹盌[①]

明成化青花波涛灵兽纹盌，盌口敞开，微微外撇，弧壁，腹部较深，至足部渐收，有圈足。该盌瓷质细腻，釉色莹润，纹样描绘细腻生动。盌内中心为一只灵兽正在翻腾的云海中奔跑，口沿有两道弦纹，其余部分为空白，未装饰青花。盌外壁青花满密，灵兽在云海间奔跑、飞翔，口沿为二方连续波涛纹，足部有弦纹。

现收藏于台北故宫博物院。

① 蔡和璧.成化瓷器特展图录[M].台北:台北故宫博物院,2012:43.

96. 明成化　青花夔龙纹盌①

　　明成化青花夔龙纹盌，盌口敞开，微微外撇，弧壁，腹部较深，至足部渐收，有圈足。该盌瓷质细腻洁白，釉色莹润透明，纹样描绘细腻生动。盌内中心为宝相花纹样，外圈双弦纹包围。外口沿有两圈弦纹，腹部装饰有夔龙纹，近底处装饰宝相花纹，与中心纹饰相呼应，圈足有弦纹。

　　现收藏于台北故宫博物院。

---

①　蔡和璧.成化瓷器特展图录[M].台北:台北故宫博物院,2012:44.

97. 明成化　青花栀子花卉纹盘[①]

　　明成化青花栀子花卉纹盘,撇口,弧壁较浅,盘底较大,有圈足。该盘形制规整端庄,瓷胎细腻,瓷质白透,通体青花纹饰满密,色彩纯正,花卉纹样勾勒细腻,盘中心为折枝栀子花,内外壁均绘缠枝花卉纹,花冠对称,枝条柔软,叶片飘逸。圈足有波涛纹。现收藏于台北故宫博物院。

① 蔡和璧.成化瓷器特展图录[M].台北:台北故宫博物院,2012:48.

98.明成化　青花莲托八吉祥纹盘[①]

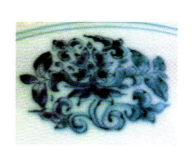

明成化青花莲托八吉祥纹盘，撇口，弧壁较浅，盘底较大，浅圈足。该盘形制规整端庄，瓷胎细腻，瓷质白透，通体青花纹饰满密，色彩纯正，纹样精致。盘中心装饰了莲托金轮图，细腻精致，层次丰富，且晕染之后带有立体感，颇为生动。内弧壁上描绘了缠枝莲托八吉祥纹，采用边缘处留白的技法，使得青花层次分明。外腹部绘制花卉纹，圈足有小花飘带纹、圈足。

现收藏于台北故宫博物院。

① 蔡和璧.成化瓷器特展图录[M].台北:台北故宫博物院,2012:50.

99.明成化　青花宝莲纹盌[①]

明成化青花宝莲纹盌，敞口，弧壁往下微敛，深腹，有圈足。该盌胎质细腻洁白，釉色莹润，纹样细腻，整体布局疏朗，显得秀气端庄。盌内外壁口沿各装饰弦纹两圈。盌内中心有一圈，内饰五个旋式花瓣。内壁两组花卉纹，花叶均有旋转感。外壁纹样与内壁类似。圈足有弦纹。底部双圈内书"大明成化年制"款识。现收藏于台北故宫博物院。

① 蔡和璧.成化瓷器特展图录[M].台北：台北故宫博物院，2012：51.

100. 明成化　青花转枝宝莲纹盌①

　　明成化青花转枝宝莲纹盌，撇口，弧壁，深腹，有圈足。该盌胎质细腻，釉色莹润，纹样细腻，采用勾线再平涂的技法，整体布局疏朗，显得秀气端正。盌内壁口沿装饰两圈弦纹，中心装饰阿拉伯发射状纹样，内壁有单个独立莲花团状纹样。外壁口沿同样也是两圈弦纹，腹部主要装饰缠枝莲花纹，有正面，有侧面。圈足有弦纹。底部青花双圈内有"大明成化年制"款识。

　　现收藏于台北故宫博物院。

①　蔡和璧.成化瓷器特展图录[M].台北:台北故宫博物院,2012:54.

101.明成化　青花菊花纹盌^①

　　明成化青花菊花纹盌，撇口，弧壁往下微敛，深腹，有圈足。该盌瓷质细腻，釉色莹润，纹样勾画细腻，整体布局满密。盌的外壁描绘有一枝双花缠枝菊花纹，花冠较大，花瓣分成两层，有花蕊，叶片较丰满，枝叶柔软，采用勾线平涂技法绘制。底部青花双圈内有"大明成化年制"款识。

　　现收藏于台北故宫博物院。

①　蔡和璧.成化瓷器特展图录[M].台北:台北故宫博物院,2012:55.

102. 明成化 青花葵花纹盌①

明成化青花葵花纹盌,侈口,弧壁往下微敛,深腹,有圈足。该盌瓷质白皙细腻,釉色莹润透亮,青花发色浓郁带灰,纹样勾画细腻,因绘画的枝条有不规则运动感而增添了活泼的气氛。盌内口沿有两圈弦纹,中心双圈中装饰有六瓣秋葵花瓣,内壁装饰缠绕的秋葵花一圈。盌外口沿装饰两圈弦纹,腹部装饰秋葵花叶纹一圈,圈足有弦纹。底部青花双圈内有"大明成化年制"款识。

现收藏于台北故宫博物院。

---

①　蔡和璧.成化瓷器特展图录[M].台北:台北故宫博物院,2012:59.

103.明成化　青花栀子花纹盌[①]

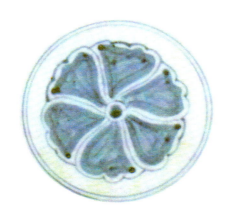

　　明成化青花栀子花纹盌，侈口，弧壁往下微敛，深腹，有圈足。该盌瓷质白皙细腻，釉色莹润透亮，青花发色浓郁带灰，纹样勾画细腻。盌内口沿有两圈弦纹，中心双圈中装饰栀子花，内壁装饰四组栀子花一圈。盌外口沿装饰两圈弦纹，腹部装饰栀子花叶纹一圈，圈足有弦纹。底部青花双圈内有"大明成化年制"款识。

　　现收藏于台北故宫博物院。

---

①　蔡和璧.成化瓷器特展图录[M].台北:台北故宫博物院,2012:60.

104.明成化　青花栀子花纹盌①

　　明成化青花栀子花纹盌，侈口，弧壁往下微敛，深腹，有圈足。该盌瓷质白皙细腻，釉色莹润透亮，青花发色浓郁带灰，纹样勾画细腻。盌内口沿有两圈弦纹，中心双圈中装饰一朵十子花心莲花纹，内壁装饰盛开的花朵。盌外口沿装饰两圈弦纹，腹部装饰栀子花叶纹一圈，花叶疏朗，绘制严谨细致。花冠有五个花瓣，花蕊和花瓣的中间脉络留白。圈足有弦纹。底部用青花绘制双圈，圈里书写着"大明成化年制"款识。

　　现收藏于台北故宫博物院。

①　蔡和璧.成化瓷器特展图录［M］.台北：台北故宫博物院，2012：61.

105.明成化　青花寿石三友盘①

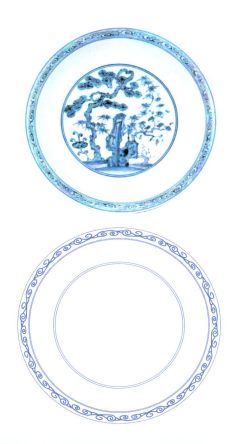

　　明成化青花寿石三友盘，口微撇，弧壁，浅腹，圈足微高。该盘瓷质白皙细腻，釉色莹润透亮，青花发色浓郁带灰，厚重处有结晶。盘内口沿有卷草纹一圈，盘中心双圈中装饰湖石、松树、灵芝、竹子、梅花等。松树、竹子耐寒，临冬不凋，梅花凌寒开放，此三者有"岁寒三友"之称，用来比喻人坚强的品格。盘外壁装饰主题与盘内中心的一致，相互呼应。圈足有弦纹。底部有双圈，内书"大明成化年制"款识。

　　现收藏于台北故宫博物院。

---

①　蔡和璧.成化瓷器特展图录［M］.台北：台北故宫博物院，2012：65.

106.明成化　青花竹芝三友盘①

　　明成化青花竹芝三友盘，口微撇，弧壁，浅腹，有圈足。该盘瓷质白皙细腻，釉色莹润透亮，青花发色浓郁带灰，厚重处有结晶斑点。盘内口沿有弦纹两圈，盘中心双圈中装饰梅、松、竹"岁寒三友"图，弧壁上装饰灵芝、竹叶缠枝纹。盘外壁装饰"岁寒三友"，与盘内装饰相呼应。圈足描绘有山坡纹。盘的足底有"大明成化年制"款识。

　　现收藏于台北故宫博物院。

_____

① 　蔡和璧.成化瓷器特展图录［M］.台北：台北故宫博物院,2012:67.

107. 明成化　青花宝莲纹洗①

　　明成化青花宝莲纹洗，侈口，腹部较深，平底。该洗内壁除两道弦纹外，无其他装饰。该洗瓷质白皙细腻，釉色莹润透亮，青花发色浓郁，厚重处有色彩偏紫。洗外壁口沿和底各有两道弦纹，中间装饰缠枝宝莲纹，纹样较为细巧、疏朗，轮廓勾线，描绘细腻。该洗的底部有用青花绘制的双方框，内里书写"大明成化年制"款识。

　　现收藏于台北故宫博物院。

————————
①　蔡和璧.成化瓷器特展图录[M].台北:台北故宫博物院,2012:70.

108.明成化　青花图案花纹洗①

　　明成化青花图案花纹洗，敞口，腹部较深，平底。该洗瓷质白皙细腻，釉色莹润透亮，青花发色纯正淡雅，透明度高，线条交叠处都非常清晰。该洗内壁无纹。洗外壁口沿和底各有两道弦纹，中间装饰间隔的阿拉伯团纹图案，端庄秀气。该洗的底部有青花绘制的双方框，内里书写"大明成化年制"款识。

　　现收藏于台北故宫博物院。

---

①　蔡和璧.成化瓷器特展图录[M].台北：台北故宫博物院，2012：72.

109.明成化　青花折枝宝莲纹杯一对①

　　明成化青花折枝宝莲纹杯一对，敞口，腹部较深，有圈足。杯的瓷质白皙细腻，釉色莹润透亮，青花发色浓郁，透明度高。杯外壁口沿和圈足各有两道弦纹，中间装饰四组单独宝莲纹图案，勾线细巧，采用晕染技法，轮廓处留白。杯的底部有青花绘制的双方框，内里书写"大明成化年制"款识。

　　现收藏于台北故宫博物院。

---

①　蔡和璧.成化瓷器特展图录[M].台北：台北故宫博物院，2012：77.

110. 明成化　青花折枝番莲纹杯①

　　明成化青花折枝番莲纹杯，口微微外撇，腹部较深，有圈足。杯的瓷质白皙细腻，釉色莹润透亮，青花发色浓郁偏灰。杯外壁口沿和圈足各有两道弦纹，腹部装饰青花折枝番莲纹四朵，轮廓勾线，边缘留白，描绘细腻。底部绘有青花双圈，书写着"大明成化年制"楷书款识。

　　现收藏于台北故宫博物院。

---

①　蔡和璧.成化瓷器特展图录[M].台北：台北故宫博物院,2012：79.

111.明成化　青花番莲托八宝纹高足杯一对①

　　明成化青花番莲托八宝纹高足杯一对，敞口，腹部较深，高足，至足底部外撇。该杯的瓷质白皙细腻，釉色莹润透亮，青花发色浓郁。杯外壁口沿有一道弦纹，腹部装饰青花番莲托八宝纹，轮廓勾线浓重，采用平涂技法。近足处有一圈吉祥如意云纹，高足有一圈乳突，足底部有弦纹，内里空心，足内沿口书写"大明成化年制"楷书款识。

　　现收藏于台北故宫博物院。

①　蔡和璧.成化瓷器特展图录［M］.台北：台北故宫博物院，2012：99.

112. 明成化　青花草花纹罐①

　　明成化青花草花纹罐，罐有盖，宝珠钮，下缘外侈折沿。罐身大口，直颈较短，圆肩，腹部微鼓，至足部微微收缩，宽底。该罐遍体装饰青花，青花发色纯正，有晕染现象。罐盖有缠枝花卉纹，颈部装饰有深色的缠枝卷草纹，腹部为写生花卉场景图，采用国画中皴、染的方式，非常细腻，足见当时的青花装饰工艺已经非常成熟。

　　现收藏于台北故宫博物院。

---

①　蔡和璧.成化瓷器特展图录[M].台北：台北故宫博物院，2012：102.

113.明成化　黄地青花折枝花果纹大盘①

明成化黄地青花折枝花果纹大盘，撇口，微微卷唇，弧壁，浅腹，有圈足。该大盘造型稳重端庄，遍身涂饰黄釉，纹样采用青花描绘。盘中心装饰有折枝花卉纹，描绘细腻，柔软花瓣上一丝丝纹理，摇曳叶片上的叶脉，曲折枝干的小刺都显得自然生动。内壁上有葡萄、柿子、石榴及莲花莲蓬四组花果纹，寓意着丰收和喜乐。盘外壁装饰着缠枝牡丹纹，花大叶大。口沿下有横书款识。该盘花卉瓜果装饰采用勾线、晕染、点缀技法，采用中国画写实方法，有仿生之效果。

现收藏于台北故宫博物院。

① 蔡和璧.成化瓷器特展图录[M].台北：台北故宫博物院,2012：106.

中 国 瓷 器 缠 枝 纹 装 饰

114.明成化　天字款斗彩夔龙盖罐①

　　明成化天字款斗彩夔龙盖罐，有罐和盖。该罐的盖顶微微凸起，大口，短颈，圆肩，鼓腹，至胫部微微收拢，大底。该盖罐造型稳重端庄，采用斗彩技法，釉上彩和釉下彩分成两次烧造，装饰色彩丰富。盖子装饰有夔龙纹，盖侧面有小花一圈。罐肩部有变形莲瓣纹一圈，腹部有夔龙纹、云纹，胫部有重复的一圈变形莲瓣纹。罐底有"天"字。天字款是明成化时期底部书写青花"天"字的斗彩小罐，一般有长圆腹罐和矮圆腹罐两种。

　　斗彩，又称"逗彩"，明宣德时期已有烧造，成化时期斗彩最为盛名。斗彩，色彩丰富，绚丽多姿，成为明代人追求的审美情趣。清代时，康熙、雍正、乾隆官窑更是精品迭出，精工细作，与成化官窑相比，飘逸减少，华丽许多。

　　现收藏于台北故宫博物院。

---

①　蔡和璧.成化瓷器特展图录[M].台北：台北故宫博物院，2012：127.

115.明成化　天字款斗彩藤瓜果龙盖罐①

　　明成化天字款斗彩藤瓜果龙盖罐，有罐和盖。该罐口径较大，颈部较短，圆肩向下至腹部，至胫部微微收拢，底与罐口大小略同，尺寸较大。该盖罐造型稳重端庄，纹样装饰满密，色彩绚丽多彩。盖顶中心装饰云纹，盖侧面有花果纹一圈。罐肩部有变形莲瓣纹一圈，腹部有夔龙纹、花果纹，胫部有变形莲瓣纹一圈。罐底有"天"字。

　　现收藏于台北故宫博物院。

---

① 蔡和璧.成化瓷器特展图录[M].台北:台北故宫博物院,2012:130.

116.明成化　斗彩莲花盖罐①

　　明成化斗彩莲花盖罐，有罐和盖。该罐口径较大，颈部较短，圆肩向下至腹部，至
胫部微微收拢，底与罐口大小略同，尺寸较大。该盖罐造型稳重端庄，纹样装饰满密，色
彩绚丽多彩。盖顶中心装饰莲花纹、云纹，盖侧面有一圈层叠的如意云纹，罐肩部与之
类似。腹部有莲花纹、云纹，胫部有变形莲瓣纹一圈。罐底有青花双圈，内书"大明成
化年制"款识。

　　现收藏于台北故宫博物院。

---

①　蔡和璧.成化瓷器特展图录[M].台北：台北故宫博物院，2012：131.

117.明成化　斗彩灵芝盖罐[①]

　　明成化斗彩灵芝盖罐，有罐和盖。该罐口径较大，颈部较短，圆肩向下至腹部，至胫部微微收拢，底与罐口大小略同，尺寸较大。该盖罐造型稳重端庄，纹样装饰满密，色彩绚丽多彩。盖顶中心装饰灵芝纹，盖侧面有一圈间隔的八宝纹与花纹。罐肩部和胫部均装饰有变形的层叠花瓣纹，腹部为缠枝灵芝纹。罐的外底有"大明成化年制"款识。

　　现收藏于台北故宫博物院。

---

①　蔡和璧.成化瓷器特展图录［M］.台北：台北故宫博物院，2012：132.

118.明成化　花卉款斗彩宝莲撇口盘①

　　明成化花卉款斗彩宝莲撇口盘，撇口，弧壁，浅腹，有圈足。该盘胎质细腻，釉色透明莹润，纹样较为疏朗，色彩较为鲜艳。盘内壁口沿处有一道淡蓝色弦纹，其余空白。盘外壁口沿和圈足分别装饰弦纹一道，腹部装饰有斗彩宝莲花纹一圈，莲花花冠呈对称状，枝叶有随风飘动感，显得飘逸自然。盘底中心为折枝花卉纹，从呈现形态看，花心较大，花瓣较肥厚，叶片散开呈发射状，色彩淡雅，令人轻松愉悦。

　　现收藏于台北故宫博物院。

①　蔡和璧.成化瓷器特展图录[M].台北：台北故宫博物院,2012：133.

119.明成化　填绿彩釉宝莲图案纹盘[①]

　　明成化填绿彩釉宝莲图案纹盘，口沿微撇，弧壁，浅腹，有圈足。该盘胎质细腻，釉色透明莹润，纹样疏朗，色彩苍翠，显得非常秀气。该盘的内里中心是主图，内饰折枝宝莲花纹。盘外壁口沿和圈足分别装饰弦纹两道，腹部装饰有绿釉宝莲花纹一圈，碗底中心为折枝花卉纹。无款识。

　　现收藏于台北故宫博物院。

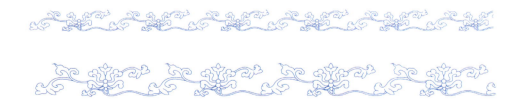

---

①　蔡和璧.成化瓷器特展图录[M].台北：台北故宫博物院，2012：136.

120.明成化　斗彩莲塘鸳鸯高足盌①

明成化斗彩莲塘鸳鸯高足盌，撇口，弧壁，浅腹，高足。该盌造型优美，胎质细腻，釉色透明莹润，纹样工整，色彩鲜艳。盌的内里中心装饰有莲塘鸳鸯图，莲瓣鲜红，花蕊嫩黄，莲叶翠绿，水草丰茂，鸳鸯在莲叶间嬉戏，游来游去，池水波纹荡漾，好一派美景。盌外壁口沿装饰一道弦纹，腹部装饰题材与盌心的一致，相互呼应。下腹部靠近高足处绘制有一圈莲瓣纹，高足底部外撇，装饰有弦纹。无款识。

现收藏于台北故宫博物院。

①　蔡和璧.成化瓷器特展图录[M].台北:台北故宫博物院,2012:137.

121.明成化　青花转枝宝莲纹杯[①]

明成化青花转枝宝莲纹杯一对，口沿微微外撇，弧壁，深腹，有圈足。该杯形制端正，瓷质白皙细腻，釉色透明莹润，纹样工整，线条挺拔。杯的内壁并无装饰。杯的腹部布满蓝色青花勾线的缠枝宝莲纹，此宝莲花纹为常见的纹样，花冠呈对称状，卷草纹的叶片布满器身。圈足有弦纹。杯底有"大明成化年制"款识。

现收藏于台北故宫博物院。

---

①　蔡和璧.成化瓷器特展图录[M].台北：台北故宫博物院,2012:144.

122. 明成化　青花莲托八吉祥纹盌①

　　明成化青花莲托八吉祥纹盌，口沿微微外撇，深腹，直斜壁，至底弧式收拢，有圈足。该盌采用青花绘制，以细线勾勒为主，部分地方平涂青花。外口沿有两道青花弦纹，盌腹装饰莲花托八吉祥纹，近足处有变形莲瓣纹。圈足有两道弦纹。足底部有"大明成化年制"款识。

　　现收藏于台北故宫博物院。

① 蔡和璧.成化瓷器特展图录[M].台北:台北故宫博物院,2012:145.

123.明成化　斗彩转枝莲托梵文杯①

　　明成化斗彩转枝莲托梵文杯，撇口，深腹，腹部往里微微收拢，有圈足。杯外壁采用斗彩装饰，纹饰较满。外口沿有一道弦纹，腹部为缠枝莲花托梵文，莲花的花瓣、叶片均有不同的颜色装饰，近底处有一圈花瓣纹。圈足有弦纹。足底用青花描绘两框，内书"大明成化年制"款识。此类杯有一批，成套烧制。

　　现收藏于台北故宫博物院。

①　蔡和璧.成化瓷器特展图录[M].台北：台北故宫博物院，2012：166.

124.明成化　斗彩转枝莲高足杯一对①

　　明成化斗彩转枝莲高足杯一对，敞口，腹部较深，微微斜壁，至腹底收拢，有高足。该杯造型典雅，瓷质白皙，釉色莹润，多色装饰。杯外壁装饰缠枝莲花纹，黄、红、蓝、绿色彩搭配和谐，画风细腻轻柔，颇有韵味。高足底部为喇叭形，有弦纹一圈。足底有用青花书写的"大明成化年制"款识。

　　现收藏于台北故宫博物院。

①　蔡和璧.成化瓷器特展图录[M].台北：台北故宫博物院，2012：171.

125. 明成化　斗彩葡萄高足杯一对[①]

明成化斗彩葡萄高足杯一对，敞口，弧壁，腹部略深，有高足。该杯瓷质白皙，釉色莹润，微微显青色，色彩丰富。杯外壁装饰缠枝葡萄纹，红的偏紫，黄的偏红，绿的苍翠，茎为褐色，色彩较为浓郁鲜艳。高足至足底为喇叭形，有弦纹一圈。足底有"大明成化年制"款识。

现收藏于台北故宫博物院。

① 蔡和璧.成化瓷器特展图录[M].台北：台北故宫博物院，2012：174.

126. 明成化　斗彩花果葡萄小碟一对①

　　明成化斗彩花果葡萄小碟一对,敛口,弧壁,腹部略深,有圈足。该碟瓷质细腻,釉色莹润,斗彩鲜艳,颇为精致。碟的中心装饰葡萄纹,寓意着丰收。碟的外壁装饰有折枝花卉纹,绿色的叶片衬托着黄色、红色的花朵,勾线颇有劲道,装饰韵味强烈。圈足有弦纹。小碟足底部有双方框,方框里面书写"大明成化年制"楷书款识。两盘的尺寸、大小一致,纹样类似,应该是一套小碟。

　　现收藏于台北故宫博物院。

---

①　蔡和璧.成化瓷器特展图录[M].台北:台北故宫博物院,2012:177.

127. 明成化　青花缠枝莲荷纹葫芦瓶[①]

　　明成化青花缠枝莲荷纹葫芦瓶，瓶呈葫芦式，寓意着福禄吉祥。该瓶小口，束腰，双球形腹，瓶底向内凹。该葫芦瓶形体秀美，比例协调，胎土细腻，釉色温润，青花采用"平等青"绘制，发色较为淡雅，蓝色中略带一点点灰。该葫芦瓶主要的装饰纹样有缠枝莲花纹、回形纹、花瓣纹、蕉叶纹、变形莲瓣纹、如意云头纹等，绘画装饰技法主要是勾线再平涂，轮廓线较深，填色淡雅透明。腹部的缠枝莲花纹，花冠较大，呈对称形，枝叶柔软，布局端庄严谨。

　　现收藏于震旦艺术博物馆。

---

① 　震旦文教基金会编辑委员会.青花瓷鉴赏[M].台北：财团法人震旦文教基金会,2008：126.

128.明成化　青花庆寿圆盒①

　　明成化青花庆寿圆盒，有盒盖和盒底两部分。该圆盒瓷质细腻，釉色莹润，采用平等青进行描绘，纹样精细，颜色淡雅柔和，有"旁深内浅，浓淡有致"的风格。盒盖顶部微微凹下，弧壁弯曲直下，至盖沿处加粗一圈。盒底与盒盖形制类似，器底有圈足。该圆盒整体装饰分成六层，盖面中心是升仙图，周围环绕装饰四组任务故事图，盖和盒体的口沿处均装饰有缠枝莲花纹。盒的腹部装饰有四组人物故事图。圈足立面装饰有细密的二方连续缠枝卷草纹。足底部有"大明成化年制"款识。

　　现收藏于震旦艺术博物馆。

---

①　震旦文教基金会编辑委员会.青花瓷鉴赏[M].台北:财团法人震旦文教基金会,2008:130.

129.明成化 青花八宝纹高足杯①

　　明成化青花八宝纹高足杯，敞口，弧壁，深腹，高足，足内中空，足底外撇，形似喇叭，造型端庄。该高足杯瓷质细腻，青花淡雅，轮廓勾线，内里平涂，显得柔和疏朗。器内无纹，器外用平等青勾画。外壁口沿有弦纹两道，腹部装饰云托八宝纹，近底处有宝莲纹一圈。足底内部的一侧书写"大明成化年制"款识。

　　现收藏于震旦艺术博物馆。

① 震旦文教基金会编辑委员会.青花瓷鉴赏[M].台北:财团法人震旦文教基金会,2008:134.

130.明成化　青花缠枝花卉纹碗①

　　明成化青花缠枝花卉纹碗，口部微敞，弧壁逐渐向下收缩，腹部较深，有圈足。该碗造型精巧，胎体细白，釉色温润，内壁无纹，外壁满饰青花，青花采用平等青为原料，发色较为淡雅，均匀柔和。外壁口沿有弦纹两道，腹部装饰缠枝牡丹花卉纹，花冠呈对称形，花瓣和叶片均为卷曲状，较为肥厚丰满。花叶轮廓采用勾线技法，内部平涂填色，且有半边轮廓留白或是花瓣与花瓣之间留白，浓淡相宜，具有立体感。圈足为青地白花，中空足内用青花书写"大明成化年制"。

　　现收藏于震旦艺术博物馆。

---

①　震旦文教基金会编辑委员会.青花瓷鉴赏［M］.台北：财团法人震旦文教基金会,2008：137.

131.明弘治　青花缠枝莲荷波涛龙纹碗[①]

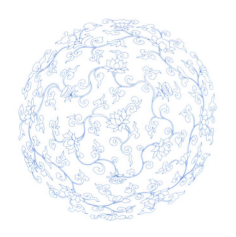

　　明弘治青花缠枝莲荷波涛龙纹碗，敞口，弧壁，腹部较深，有圈足。该碗胎体细白，釉色温润，内外壁满饰青花纹样，采用平等青为原料，深浅有致。该碗内壁口沿有两道弦纹，内壁布满青花缠枝莲花纹，花叶大小接近，茎叶柔软，呈卷曲状。外壁口沿及近底处有弦纹，腹部铺满海水江崖纹，上绘五条青龙，呈轻巧飞翔状态，布局均匀。圈足有弦纹，足底有双圈，内书"大明弘治年制"款识。

　　现收藏于震旦艺术博物馆。

① 震旦文教基金会编辑委员会.青花瓷鉴赏[M].台北:财团法人震旦文教基金会,2008:143.

132.明弘治　白地酱彩花果纹盘[①]

　　明弘治白地酱彩花果纹盘，口沿微撇，弧壁，浅腹，有圈足。该盘胎体细白，釉色温润，纹样施以酱色釉，显得稳重大方。该盘内壁装饰有折枝花果纹，外壁装饰有一圈缠枝花卉纹，纹样的酱色与白底形成鲜明的对比。盘底有"大明弘治年制"楷书款识。现收藏于北京故宫博物院。

---

①　故宫博物院.故宫陶瓷图典[M].北京:紫禁城出版社,2010:174.

133. 明正德　青花缠枝莲纹三足炉[①]

明正德青花缠枝莲纹三足炉，直口，方唇较厚，折沿类似撇口，颈部较短，肩部较圆，至腹部鼓起，至足部收拢，有三足较短。器形端正稳重，青花色泽蓝中偏灰，纹饰满密，纹样为双勾线，内里平涂青花。炉口呈六瓣花瓣形，较为别致。颈部装饰有一圈二方连续回纹，中间有一方框，写楷书"正德年制"。腹部装饰有一圈二方连续缠枝莲花纹，青花有渗出晕染现象，其中一缠枝茎叶至足上装饰花纹。

现收藏于中国国家博物馆。

① 中国国家博物馆.中国国家博物馆馆藏文物研究丛书·瓷器卷(明)[M].上海：上海古籍出版社，2007：116-117.

134.明正德　青花阿拉伯文折沿盘①

　　明正德青花阿拉伯文折沿盘，折沿，弧壁较浅，平底圈足。盘内中心描绘有方形、圆形构成几何形状轮廓，装饰有卷草纹，中心圆形开光处书写阿拉伯文。盘内口沿处装饰有一圈卷草纹，轮廓较深，涂色略浅。口沿四处写有阿拉伯文，分别处于上下左右的中心对称处。盘外壁装饰有折枝莲花纹、阿拉伯文。盘的底部绘有青花双圈，内里书写"大明正德年制"款识。瓷器上书写阿拉伯文，较早见于唐代长沙窑，此后元代、明代也常有此类装饰。这些实物为我们今天研究外来文化提供了重要资料。

　　现收藏于中国国家博物馆。

---

①　中国国家博物馆.中国国家博物馆馆藏文物研究丛书·瓷器卷(明)[M].上海：上海古籍出版社，
　　2007：122-123.

135.明正德　青花穿花龙纹盘[①]

　　明正德青花穿花龙纹盘，盘为敞口，弧壁，盘底较宽，有圈足。该盘内外装饰青花，构图满密。盘内装饰分为两部分，盘中间为龙穿莲花纹，这种形式有"穿花龙""花间龙""串花龙"的说法，一般形式为游龙穿梭在各种不同母题的花丛中，大气奔放。明正德时期，此类"穿花龙"非常流行，寓意着"江山万代，绵延不绝"。盘内、外壁为两条首尾呼应的龙，穿梭在缠枝莲花花叶中。圈足上饰有排列紧密的如意云头纹。

　　现收藏于中国国家博物馆。

---

①　中国国家博物馆.中国国家博物馆馆藏文物研究丛书·瓷器卷(明)[M].上海：上海古籍出版社，
　　2007：124-125.

136.明正德　黄地青花折枝花果纹盘①

明正德黄地青花折枝花果纹盘，敞口，浅弧壁，底部平整较宽，有圈足。该盘形制传承前朝，盘内外壁施黄色釉，黄釉相比前朝色泽较深，装饰青花纹样，青花蓝中带灰，时代特征较为明显。盘内中心为折枝栀子花纹，盘壁为四组花卉果实纹，有葡萄、硕桃、石榴、莲花。盘外壁为缠枝牡丹纹，盘底中心有青花双圈，内里书写"正德年制"楷书款识。

现收藏于中国国家博物馆。

---

① 中国国家博物馆.中国国家博物馆馆藏文物研究丛书・瓷器卷(明)[M].上海：上海古籍出版社，2007：128.

137.明正德　青花缠枝莲荷如意纹梅瓶^①

　　明正德青花缠枝莲荷如意纹梅瓶，敞口，颈部较短，肩部较圆，腹部微鼓，至下腹收起，胫部收拢，至足底部外撇，足内浅圈足。该梅瓶胎体灰白，釉色泛青，纹样采用石子青绘制，青中略微带灰。该梅瓶口沿处有两道弦纹，颈部装饰小花朵，肩部装饰莲瓣纹和云肩纹，云肩纹里绘有折枝花纹，间隔处有祥云纹。梅瓶腹部装饰有缠枝莲花纹，花冠硕大，叶片较小，茎枝纤细柔软。花叶勾线，内里平涂，外深内浅，蓝中带灰，是正德青花的特点。胫部描绘有变形莲瓣纹，内绘莲花、圈纹以及一些杂纹等，绘制略显粗糙。

　　现收藏于震旦艺术博物馆。

---

①　震旦文教基金会编辑委员会.青花瓷鉴赏[M].台北：财团法人震旦文教基金会,2008：146-147.

138.明正德　青花庭院仕女图叠盒①

　　明正德青花庭院仕女图叠盒，盒呈三节圆筒形。该叠盒盖面隆起，足部往里收缩，有圈足。通体采用青花装饰，纹样一层一层，细腻精致。叠盒的盖面主要描绘了"春风得意图"，又称夸官图。画面中状元、榜眼、探花骑马炫耀街头，有接受万民庆贺之意。叠盒的腹部上层、中层外壁，精致地描绘了仕女游园图，仕女们有的赏花，有的焚香，有的品茗，有的携琴，等等。边饰也描绘得非常精致，盖盒边饰有如意云头，腹上部和腹底部有龟背锦，近足处装饰有一圈变形莲瓣纹，圈足有两道青花弦纹。从整体上来说，该瓷器叠盒画面精致，严谨规范。

　　现收藏于北京故宫博物院。

---

①　故宫博物院.故宫陶瓷图典[M].北京：紫禁城出版社,2010:176.

139.明正德　青花阿拉伯文烛台①

明正德青花阿拉伯文烛台，上层小托盘，下层大托盘，中间有支柱，底部有底座。烛台器身遍体装饰青花，如意云头纹、卷草纹、菱形纹按照规律和秩序排列。支柱和底座上的圆形开光中间均有阿拉伯文字，这些文字一般都含有吉祥之意，作为祈福之用。烛台底部有"大明正德年制"款识。明代瓷器上常有梵文、阿拉伯文装饰，正德时期在瓷器上常常可以看见阿拉伯文，这是明代对外文化交流的例证。

现收藏于北京故宫博物院。

---

① 故宫博物院.故宫陶瓷图典［M］.北京:紫禁城出版社,2010:177.

140.明正德　素三彩折枝蔓草纹水仙盆①

　　明正德素三彩折枝蔓草纹水仙盆，呈长方体，四面略斜，至底部略收，下底部有六足。该盆外壁底色为紫色，口和足侧面涂饰黄色和绿色，装饰刻划的主纹为卷草纹样，填绿色。盆内部及外底为白色釉填涂。口沿下有落款，外围用青花双框勾线，内书青花"正德年制"楷书款识，由于紫色的映衬，青花呈现出蓝黑色。腹部以褐紫色为地，装饰的对称缠枝纹用绿彩进行装饰。足部绘绿色，边缘处带黄色。该水仙盆色彩搭配协调，较为清新，纹样较为简洁，具有古朴雅致之感。

　　从广义上来说，明成化时期已有素三彩，至正德时期技术更加成熟，且享有盛誉。素三彩是指素胎上用绿、黄、紫等色彩进行装饰，也可添加其他色彩，但有一点，明代素三彩没有红色，清代素三彩出现小面积红色装饰。正德时期，其他瓷器品种逐渐衰落，但素三彩却是瓷器中的名贵之物。

　　现收藏于北京故宫博物院。

①　故宫博物院.故宫陶瓷图典[M].北京：紫禁城出版社，2010：183.

141. 明嘉靖　斗彩宝莲撇口盘①

　　明嘉靖斗彩宝莲撇口盘，撇口，弧壁中间向内收缩，腹部较浅，有圈足。该盘撇口内外口沿有弦纹装饰。盘外壁装饰有缠枝宝莲花，花瓣有红色、黄色、蓝色，茎叶疏朗，色彩为绿色，色彩澄澈，有一定的透明度，显得清爽飘逸，整体令人轻松愉悦。该盘的足底部绘制有双方框，内书"大明嘉靖年制"的楷书落款。该盘与成化斗彩中的宝莲纹装饰撇口盘非常相似，仅部分色彩、花叶有一些细微不同，应该是模仿成化瓷而制作的。

　　现收藏于台北故宫博物院。

① 蔡和璧.成化瓷器特展图录[M].台北：台北故宫博物院，2012：135.

142.明嘉靖　青花缠枝莲纹罐①

　　明嘉靖青花缠枝莲纹罐，圆口，颈部较短，圆肩，鼓腹至胫部逐渐收缩，假圈足。该罐通体装饰青花，肩部有二方连续交错的卷草纹，腹部为缠枝莲花纹，花冠采用双线勾勒花瓣，花大叶小，青花浓郁，有晕染现象。罐子的底部描绘有青花双圈，内里书写"大明嘉靖年制"楷书款识。该罐的装饰风格模仿明成化时期瓷器绘画的笔意，较有特色。

　　现收藏于中国国家博物馆。

---

①　中国国家博物馆.中国国家博物馆馆藏文物研究丛书·瓷器卷(明)[M].上海：上海古籍出版社，2007：138.

143.明嘉靖　青花龙凤纹瓜棱罐①

明嘉靖青花龙凤纹瓜棱罐，整体形态呈八瓣瓜棱形，唇口卷起，颈部较短，圆肩，腹部微鼓，至胫部、足部收缩，有内圈足。罐身装饰青花纹样，肩部为缠枝花卉纹，往下是莲花花瓣装饰，内有"洪福齐天圣寿万年"字样。罐的腹部为锦地祥云纹，上面有龙凤呈祥纹装饰。罐的外底部写有"大明嘉靖年制"的青花字落款。

明嘉靖时期，罐子的造型较丰富，有圆的、方的、扁的、瓜棱形、不规则形状等，装饰纹样也比较丰富，有云龙纹、云鹤纹、八仙纹、戏婴图、鱼藻纹等。

现收藏于中国国家博物馆。

---

① 中国国家博物馆.中国国家博物馆馆藏文物研究丛书·瓷器卷(明)[M].上海：上海古籍出版社，2007：140.

144.明嘉靖 青花缠枝莲纹缸[①]

    明嘉靖青花缠枝莲纹缸，大口，腹部较深，平底较大。该莲纹缸外壁绘制青花纹样，外口沿弦纹下，有"大明嘉靖年制"款识。外壁腹部绘制缠枝莲花纹，双线勾勒，中间平涂，花冠大，叶片小，对比强烈，一瓣一瓣花瓣，一片一片叶子，绘制精致细腻。近足处也有弦纹两道。

    现收藏于中国国家博物馆。

① 中国国家博物馆.中国国家博物馆馆藏文物研究丛书·瓷器卷(明)[M].上海:上海古籍出版社,
2007:144.

145.明嘉靖　红地黄彩云龙纹罐①

　　明嘉靖红地黄彩云龙纹罐，直口，颈部较短，丰肩向下至腹部鼓起，胫部向里收缩，有圈足。该罐外表绘红色，上有黄色纹饰装饰。颈部绘制有云纹、回纹，肩部绘制有如意云纹，腹部描绘了缠枝莲托八宝纹，花冠较大，呈对称状，叶片略小。缠枝纹下面是寿山福海纹，寓意着福气如山海绵延。底较宽，足底有款识。

　　明嘉靖时期，彩瓷工艺流行，制作精致。红地黄彩是嘉靖时期彩瓷的新品种，俗称"黄上红"，烧制工艺比较复杂，需三次才能烧造成功，胎体一次，黄釉一次，红釉一次，因此烧成难度较大。从色彩上进行搭配，黄釉、红釉、绿釉与黄彩、绿彩、红彩等互相搭配成多色，例如黄釉红彩、绿釉黄彩、红釉黄彩等，和谐美观。彩釉套叠工艺是嘉靖御窑厂的匠心制作，时代特色明显。

　　现收藏于中国国家博物馆。

---

①　中国国家博物馆.中国国家博物馆馆藏文物研究丛书·瓷器卷(明)[M].上海：上海古籍出版社，2007：160.

146.明嘉靖　斗彩如意云芝碟①

　　明嘉靖斗彩如意云芝碟，口沿处微微外撇，腹部较浅，折底明显，有圈足。该碟形制小巧，纹饰简洁，色彩鲜艳，描绘细腻，显得异常精致。该碟内外有斗彩装饰，碟中心装饰如意云头，外壁绘七组灵芝纹，画工细腻精致。足底部有"大明嘉靖年制"楷书款识。明嘉靖斗彩的器形和纹饰与成化年间的相类似，多为细腻、工整、精致之作。

　　现收藏于台北故宫博物院。

---

①　蔡和璧.成化瓷器特展图录[M].台北:台北故宫博物院,2012:179.

147.明隆庆　青花莲池鸳鸯纹碗

　　明隆庆青花莲池鸳鸯纹碗，敞口，弧壁，腹部较深，圈足较高。该碗瓷质细腻，釉色莹润，装饰风格较粗犷豪放。碗内里中心绘制云龙纹。碗外壁通体装饰有青花，绘制莲池鸳鸯图，该图表现了夏日的一池清水，满是盛开的莲花，微风拂过水面，荡漾起浅浅的波纹，表现力丰富，画意生动。圈足上装饰有一圈常见的缠枝卷草纹，圈足底部有"大明隆庆年造"款识，字体结构严谨，显得顿挫有力。

　　鸳鸯乃吉祥鸟类，寓意双宿双飞，生活幸福美满。我国汉代时就已经出现以鸳鸯为主题的装饰，元代时"莲池鸳鸯图""莲池水鸟图"等比较丰富。明清时，此类主题也一直受到各阶层的喜爱。隆庆时期仅六年，传世品不多，大部分瓷器作品上的装饰青色浓郁，画笔幽靓。

　　现收藏于中国国家博物馆。

---

① 中国国家博物馆.中国国家博物馆馆藏文物研究丛书·瓷器卷(明)[M].上海:上海古籍出版社，2007:64-65.

148.明万历 青花百寿字罐[①]

明万历青花百寿字罐，直口略大，卷唇外翻，颈部较短，肩部丰满，腹部鼓起，下腹部收起至胫部，平底。该罐满饰青花，颈部装饰有二方连续变形组合的花冠纹。罐外表通体装饰有缠枝青花卷草纹，每个花萼托举着"寿"字。胫下部近足处绘制有如意云纹。青花描绘技法采用双勾线轮廓，内部平涂青花，显得严谨规范，细致有型。底部中间绘双圈，中心书写"大明万历年制"楷书款识。

现收藏于中国国家博物馆。

---

① 中国国家博物馆.中国国家博物馆馆藏文物研究丛书·瓷器卷(明)[M].上海：上海古籍出版社，2007：168-169.

149.明万历　青花双龙戏珠纹委角长方盒①

　　明万历青花双龙戏珠纹委角长方盒，盒有底和盖，子母口，四角有委，圆棱角，有四方足。该盒通体装饰有青花，盖面中心装饰有双龙戏珠纹，工整细腻。盖子的棱角处装饰有缠枝牡丹花卉纹，勾线平涂，精致有型。子母口沿装饰有回纹，外底部有双层长方形框，内里书写"大明万历年制"楷书款识。该盒为御用印泥盒，青花用料为石子青，蓝中带灰，形制古朴，是万历时期代表作。

　　明万历时期，盖盒较为流行，造型丰富，款式繁多，有圆形、方形、条形、扇形、樱桃形、菱形等。按照用途来分，有果盒、化妆盒、笔盒等。

　　现收藏于中国国家博物馆。

①　中国国家博物馆.中国国家博物馆馆藏文物研究丛书·瓷器卷(明)[M].上海:上海古籍出版社,
　　2007:176-177.

150.明万历 五彩穿花龙纹蒜头瓶[①]

明万历五彩穿花龙纹蒜头瓶，整体造型似蒜头，广口，长颈，垂腹向下至足部收拢，有圈足。该蒜头瓶通体装饰有五彩纹，共有五层。第一层口沿处装饰缠枝卷草纹、文字，文字内容为"大明万历年制"。第二层是五彩的缠枝莲花纹，第三层颈部装饰有古树、飞鸟、飞蝶纹。第四层肩部装饰折线，每个折线空隙处绘制花朵。第五层腹部装饰有龙穿花草纹，龙为五爪龙，花朵有牡丹、夕颜、莲花等，寓意百花盛开。

蒜头瓶造型在秦汉时期已经出现，最早是陶器造型，因瓶口造型像蒜头而被称为"蒜头瓶"。隋唐时并不流行，明清趋于生活化。明代万历年间，蒜头瓶烧造颇多，主要品种有青花、五彩、单色釉等。蒜头瓶上装饰的主题非常丰富，动物、植物、自然纹样都非常丰富，还有璎珞、盘长等传统纹样出现。

现收藏于中国国家博物馆。

---

① 中国国家博物馆.中国国家博物馆馆藏文物研究丛书·瓷器卷(明)[M].上海：上海古籍出版社，2007：182.

151.明万历　五彩仙人渡海图碗①

　　明万历五彩仙人渡海图碗，侈口，弧壁，深腹，有圈足。该碗胎体轻薄，构图饱满，布局合理，装饰有青花五彩，对比强烈，画风粗犷。碗内口沿绘折枝花卉纹，碗心装饰五彩龙纹。碗外壁口沿有一圈五彩的缠枝如意纹，色彩晕染至轮廓线外，有潇洒随意之感。腹部描绘一仙人渡海图，画面中群山围绕，云气缭绕，瑞兽栖息，仙人正渡海而去，有描绘仙境之意。圈足上用五彩勾线绘制卷草纹。足底有"大明万历年制"的款识。

　　现收藏于中国国家博物馆。

① 中国国家博物馆.中国国家博物馆馆藏文物研究丛书·瓷器卷（明）[M].上海：上海古籍出版社，2007：184.

152.明万历　青花灵芝花卉孔雀龙纹大花觚①

　　明万历青花灵芝花卉孔雀龙纹大花觚，形制模仿青铜器中觚的造型，口沿外撇，颈部较长，圆腹，高足，底部外撇。该觚胎体灰白，釉色泛青，青花蓝中带灰，原料为浙料。从口沿起往下装饰有焦叶纹、云龙纹、缠枝灵芝纹，每组纹样之间有卷草纹作为间隔，层次清晰。腹部有一方连续如意云肩纹、花鸟山石纹、变形莲瓣纹等。该大花觚的高足上描绘有精致的花卉纹、灵芝纹、弦纹、山石纹等。口沿一圈弦纹下有青花横书"大明万历年制"楷书款识。

　　现收藏于震旦艺术博物馆。

①　震旦文教基金会编辑委员会.青花瓷鉴赏[M].台北:财团法人震旦文教基金会,2008:163.

153.明万历　青花缠枝莲花双龙抢珠纹盘[①]

明万历青花缠枝莲花双龙抢珠纹盘，敞口，腹部较浅，有圈足。该盘胎体细腻灰白，釉色较厚，呈现浅青色。盘的内外均装饰满密，采用浙料绘制，勾线清晰，色彩透明度较高。盘内中心有双龙抢珠纹，龙在云海中翻腾，周围是云朵和火焰纹。盘内壁绘制了四龙云海纹。盘外壁描绘了缠枝莲花纹，莲花十朵，花冠呈对称状，茎叶均为卷曲的线条状，规律性很强。盘的底部中间用细线勾勒双圈，内书"大明万历年制"楷书款识。

现收藏于震旦艺术博物馆。

---

① 震旦文教基金会编辑委员会.青花瓷鉴赏[M].台北:财团法人震旦文教基金会,2008:168-169.

154.明万历　青花缠枝莲花龙凤纹盘[①]

　　明万历青花缠枝莲花龙凤纹盘，敞口，腹部较浅，有圈足。该盘胎体细腻灰白，釉色较厚，呈现浅青色。盘的内外均装饰满密，采用浙料绘制，勾线清晰，色彩透明度较高。盘内中心有双龙抢珠纹，龙在云海中翻腾，周围是云朵和火焰纹。盘内壁绘制了四龙云海纹。盘外壁描绘有缠枝莲花纹，莲花十朵，花冠呈对称状，茎叶均为卷曲的线条状，规律性很强。盘的底部中间用细线勾勒双圈，内书"大明万历年制"楷书款识。

　　现收藏于震旦艺术博物馆。

---

①　震旦文教基金会编辑委员会.青花瓷鉴赏[M].台北:财团法人震旦文教基金会,2008:170-171.

自 2012 年至今，我们团队从事中国瓷器缠枝纹装饰艺术的研究已持续十年之久。十年间，有思考，有收获，有反思……在这个过程中，我们时常被伟大的中华瓷器文明所折服，这种感受是我们一生的宝贵财富。在研究过程中，我们时常可以想象古代匠人们就是这样一笔一画地在这种"火与土"的器物上表达自己的艺术情感，而我们似乎正在体验这种情感，有时候不禁热泪盈眶，激动万分。真的，没有什么比这个更值得我们发出内心的光和热了。

此时此刻，本研究即将告一段落。回首往事，我们为自己走过的路感到欣慰，为取得的小小成就感到无比满足。虽然在历史的长河中，或许所有的付出仅仅是一粒尘埃，终将汇入时代的洪流，但这迈出的一小步，做出的一点点鲜有人关注的事情，对我们来说内心十分满足。

中国是世界瓷器文明发源地。在中华瓷器文明的绵延发展中，我国瓷器拥有了丰富的文化内涵，千变万化的艺术造型，绚丽多姿的色彩，精美绝伦的装饰，向世界展示了独具中华民族特色的优秀文化。中国瓷器缠枝纹装饰审美艺术是我国古代不同历史时期的典型艺术代表，是中华民族不同阶段的政治、经济、生活的一种文化折射。

元代，游牧文化、西域文化与传统文化深度交融。元代缠枝纹整体装饰风格呈现出繁复满密的状态，缠枝牡丹、缠枝莲花、缠枝菊花是最主要的装饰题材。池塘小景、游鱼虫草、庭院风情、历史人物等表现丰富细腻，形成了元代独有的多民族融合的装饰风格。明代，吉祥文化高度发展，中外交流频繁，装饰艺术繁荣。明代瓷器缠枝纹母题丰富，造型多样，传承创新了中国传统纹样的外延与内涵，表达了"图必有意，意必吉祥"的世俗心境，表现了明代百姓热爱生活、追求幸福的愿景，是中国世俗文化和吉祥文化的典型代表。清代，工艺美术繁缛纤巧、仿古仿真。清代瓷器缠枝纹繁缛、富丽、风情万种，牡丹花冠丰满，象征雍容华贵；石榴、莲蓬多子，象征子孙满堂；葫芦、葡萄藤蔓缠绕，象征福寿绵延；灵芝形似如意，象征如意长寿……清代的这些吉祥装饰观念，在受到外来巴洛克、

洛可可的装饰风格影响之后，呈现出了中外融合的瑰丽风格。

在本著作即将出版之际，感谢湖北省公益学术著作出版专项资金的支持，感谢武汉理工大学出版社的支持，感谢宁波职业技术学院支持《中国瓷器缠枝纹装饰（明）》（NZ22CB05）作为校级专项课题立项！感谢武汉大学哲学院教授、湖北省美学学会会长范明华先生为本书作序，感谢武汉理工大学出版社史卫国老师、《武汉理工大学学报》（社会科学版）编辑部韩文革老师的指导、关怀帮助！感谢宁波职业技术学院校领导、各部门的关怀，尤其感谢科研处的支持和培育，特别感谢杨林生教授的悉心指导，感谢丝路艺术研究中心的每个成员辛苦付出。感谢这十年间，支持、帮助该研究的所有的师长、朋友、亲人们，是你们一如既往无私的帮助让这个研究项目持续到了今天。

瓷器，是火与土的艺术，让我们在这辉煌的艺术和文明中陶醉。我们将不断努力，不断汇聚我们内心的光和热，为挚爱的事业而努力攀登。

最后，文中难免有不足之处，敬请各位专家学者批评指正！